रेख़्ता के ज़ौक़

शेख़ इब्राहीम ज़ौक़

लाई हयात आए क़ज़ा ले चली चले
अपनी ख़ुशी न आए न अपनी ख़ुशी चले

रेख़्ता के ज़ौक़

संकलन

फ़रहत एहसास

BOOKS

राजकमल प्रकाशन

BOOKS
राजकमल प्रकाशन

रेख़्ता बुक्स
बी-37, सेक्टर - 1, नोएडा
उत्तर प्रदेश - 201301

rekhtabooks@rekha.org
www.rekhtabooks.com
www.rajkamalprakashan.com

रेख़्ता के ज़ौक़
संकलन : फ़रहत एहसास

ISBN : 978-81-944150-7-7

प्रथम संस्करण : 2019
पुनर्मुद्रण : 2020
पुनर्मुद्रण : 2021

फ़ॉन्ट : योगेश यूनि
मुद्रक : यश प्रिन्टोग्राफ़िक्स, नोएडा

आवरण एवं पुस्तक सज्जा
नीलिमा प्र आर्यन, रेख़्ता

सहयोग राशि : ₹ 199

ग़ज़ल के चलते हुए चाक
की रचनात्मक रफ़्तार
के नाम

एक और नया क़दम

'रेख़्ता फ़ाउन्डेशन' का बुनियादी काम, उर्दू शाइ'री के शब्द और अर्थ की ख़ूबसूरती, रंग-रस, संगीत, स्पर्श और ज़ाइक़े को ज़ियादा से ज़ियादा लोगों तक पहुँचाना और उन्हें इसके सम्पर्क में लाना है। इसीलिए 'रेख़्ता' वेबसाइट पर, उर्दू शाइ'री को दुरुस्त पाठ और मे'यारी चयन के साथ देवनागरी और रोमन लिपियों में भी पेश किया गया, ताकि उर्दू लिपि न जानने वाले उर्दू दोस्त भी अपनी महबूब शाइ'री के रचना-संसार में दाख़िल हो सकें।

यही मक़्सद 'रेख़्ता बुक्स' की स्थापना का भी प्रेरणा-स्रोत रहा है, जो बुनियादी तौर पर उर्दू शाइ'री और उसके प्रेमियों के दर्मियान किताब का पुल बनाने का प्रकाशन-प्रॉजेक्ट है। आगे चलकर इसका दायरा बढ़ाते हुए, दीगर विधाओं, ख़ास तौर पर कथा साहित्य, आत्म-कथाओं, यात्रा-वृत्तांतों वग़ैरह को भी इस प्रॉजेक्ट का हिस्सा बनाया जाएगा।

'ग़ज़ल उसने छेड़ी' शीर्षक के तहत, अब तक की अहम उर्दू शाइ'री का एक विस्तृत संकलन देवनागरी लिपि में प्रस्तुत करने के बा'द, 'रेख़्ता हर्फ़-ए-ताज़ा सीरीज़' की सूरत में एक और पेशक़दमी की गई जो उर्दू शाइ'री की मौजूदा नई रचनात्मक संभावनाओं को रूनुमाई का मौक़ा' देने पर केंद्रित है। इसके बा'द कल और आज के स्थापित, महत्वपूर्ण और प्रतिनिधि शाइ'रों के कलाम का इन्तिख़ाब, 'रेख़्ता नुमाइन्दा कलाम सीरीज़' के नाम से, पेश करने का सिलसिला जारी किया गया। इसके तहत अब तक बहुत सी अच्छी और ज़रूरी शाइ'री पेश की जा चुकी है।

अब एक और नई पेशकश। क्लासिकी शाइ'री, जो उर्दू शाई'री का प्राण-स्रोत अैर रचनात्मक बुनयाद है, देवनागरी लिपि में बहुत कम उपलब्ध है। कुछ 'मीर' और 'ग़ालिब', कुछ 'ज़ौक़' और 'दाग़' और थोड़ा बहुत कुछ और। दूसरी तरफ़, पाठकों की ओर से क्लासिकी शाइ'री की तलब तेज़ी से बढ़ रही है। इस तलब को उसकी मन्ज़िल तक पहुँचाने के लिए, 'रेख़्ता क्लासिकी सीरीज़' के तहत किताबों का एक नया सिलसिला प्रस्तुत है, जिस में कोशिश होगी कि सारे महत्वपूर्ण क्लासिकी शाइ'रों का पूरा चेहरा और रंग सामने लाया जाए। उम्मीद है इस सीरीज़ को भी आपका प्रेम और क़ुबूलियत हासिल होगी।

संजीव सराफ़
संस्थापक, रेख़्ता फ़ाउन्डेशन

कौन जाए... दिल्ली की गलियाँ छोड़ कर

शेख़ मोहम्मद इब्राहीम 'ज़ौक़' (1788-1854) को दकन (हैदराबाद) से बुलावा आया, मगर वो नहीं गए। जवाब में ग़ज़ल का यह मक़्ता' लिख दिया: 'इन दिनों गर्चे दकन में है बड़ी क़द्र-ए-सुख़न / कौन जाए 'ज़ौक़' पर दिल्ली की गलियाँ छोड़ कर'। दकन न जाने के कई कारण रहे होंगे। एक तो यही जो इस मक़्ते' में बयान किया गया है, या'नी दिल्ली की गलियाँ पाँव में बेड़ियाँ बन गईं। देहली वालों के बक़ौल, 'ज़ौक़' दिल्ली के रोड़े थे, तो इसकी मिट्टी उन्हें और वो उसे कैसे छोड़ते। लेकिन कुछ कारण और भी ज़रूर रहे होंगे। दकन में धन--दौलत, मान-सम्मान, पद-प्रतिष्ठा उनकी मुन्तज़िर थी मगर यहाँ देहली में वो बादशाह के उस्ताद और मलिकुश्शो'रा (राज कवि) थे, लाल क़िले के राज-कवि। ठीक है कि उस वक़्त हैदराबाद में, सत्ता और समृद्धि का सूरज चढ़ा हुआ था और देहली में डूबने वाला था, मगर देहली आख़िर देहली थी। ऐसे में ज़ाहिर है कि कोई, केंद्र से परिधि और मत्न (मूल पाठ) से हाशिए पर क्यों जाता। मगर ये भी हो सकता है कि ये ख़याल 'ज़ौक़' के मन में आया ही न हो कि उनकी नज़र दुनिया और उसकी उपलब्धियों पर थी ही नहीं। उनके मिज़ाज और स्वभाव के बारे में, उनके ज़माने में जितना भी लिखा गया है उससे, और उनके रहने-सहने के अन्दाज़ से भी, उनकी एक ख़ासियत रेखांकित होती है और वो है आत्म-संतुष्टि। यही आत्म-संतुष्टि उनके देहली न छोड़ने का सबसे बड़ा कारण रही होगी और यही, उनकी शाइ'री का भी मूल प्रेरक-तत्व थी।

'ज़ौक़' शेख़ मोहम्मद रमज़ान के घर पैदा हुए जो एक मा'मूली, ग़रीब सिपाही थे। रईसों, अमीरों और नवाबों से भरी देहली में, उनका

घर, उनके माँ-बाप और ख़ुद वो, हज़ारों बेहैसियत, बेचेहरा और बेनाम घरों और लोगों में शामिल थे। ये आ'म लोगों में शामिल होना ज़िन्दगी भर उनके स्वभाव और शाइ'री की बुनयाद रहा। उनकी शिक्षा-दीक्षा भी बहुत ऊँचे दर्जे की नहीं हुई मगर उन्होंने अपनी प्रतिभा और शौक़ से अपने ज़माने के सारे ही विषयों को पढ़ा और उन पर अधिकार हासिल किया, कम से कम इतना कि उन्हें शाइ'री में इस्ते'माल किया जा सके। ख़ासी कम-उ'म्री में शाइ'री पर लग गए जिसे उस ज़माने के मशहूर उस्ताद शाइ'र शाह नसीर की शागिर्दी ने चमका दिया। जल्द ही 'ज़ौक़' की शाइ'री का डंका बजने लगा। ये गुमनामी के पानी में से सर निकालने और अपना चेहरा हासिल करने की शुरूआ'त थी।

शाह नसीर की शागिर्दी का क़िस्सा भी अ'जीब रहा। शागिर्द की शाइ'री के पर निकलते देख कर उस्ताद को शायद डर लगा कि वो उनसे आगे न चला जाए या शायद उन्हें अच्छा नहीं लगा कि एक मा'मूली घर का लड़का इतना मान-सम्मान हासिल करे। कुछ भी हो, वो 'ज़ौक़' की ग़ज़लें ये कह कर लौटाने लगे कि कुछ और अच्छी तरह कह कर लाओ। शागिर्द को उस्ताद का ये अन्दाज़ खलने लगा और धीरे धीरे दोनों अलग हो गए। अब 'ज़ौक़' उस्ताद को दिखाए बिना ही मुशाइ'रों में कलाम सुनाने लगे और धीरे धीरे उस्तादों में शुमार होने लगे। इतनी कम उ'म्र में ये एक बड़ी कामयाबी थी।

इसी दौरान 'ज़ौक़' का नाम और काम लाल क़िले तक पहुँच गया और शहज़ादा वलीअ'ह्द (युवराज) अबू ज़फ़र ने, जो बा'द में बहादुर शाह 'ज़फ़र' के नाम से जाने गए, उन्हें अपना उस्ताद बना लिया। उस समय 'ज़ौक़' की उ'म्र 19 साल थी। इस काम के लिए उन्हें माहाना चार रूपए मिलने लगे। उनके पिता को उनका क़िले में जाना

और तन्ख़्वाह पाना अच्छा नहीं लगा, लेकिन इन्हीं माहाना चार रूपयों ने 'ज़ौक़' की प्रतिष्ठा में चार चाँद लगा दिए। अबू ज़फ़र बादशाह बने तो उन्होंने अपने उस्ताद को मलिकुश्शो'रा (राज कवि) की उपाधि दी और उनकी तन्ख़्वाह पाँच सौ रूपए हो गई जो बढ़ते बढ़ते हज़ार रूपए तक जा पहुँची।

'ज़ौक़' उन्नीसवीं सदी के पहले पचास बरसों के दौरान, देहली के सबसे लोकप्रिय और प्रतिष्ठित शाइ'र थे। उस वक़्त देहली में, मिर्ज़ा 'ग़ालिब' और मोमिन ख़ाँ 'मोमिन' भी मौजूद थे। मगर उनका नाम 'ज़ौक़' के बा'द आता था। ये शाइ'री से दिलचस्पी रखने वाले आ'म लोगों का फ़ैस्ला था, कि 'ज़ौक़' की शाइ'री उन्हें वो सब कुछ देती थी जो वो पाना चाहते थे और पसन्द करते थे। 'ज़ौक़' की, ज़िन्दगी, ज़माने और दुनिया की समझ, पूरी तरह आ'म लोगों की समझ के स्तर पर थी जिसे वो एक सरल रेखा पर चलते हुए, आ'म लोगों के स्तर पर रहने वाली शाइ'री का रूप दे देते थे। ये 'ज़ौक़' का, आत्म-संतुष्टि का स्वभाव, ही था जो उन्हें अपनी चेतना और अनुभव के दायरे को फैलाने और ज़िन्दगी, ज़माने और दुनिया के गहरे अर्थों में उतरने की इ'जाज़त नहीं देता था। ये 'ग़ालिब' और 'मोमिन' के विपरीत मुआ'मला था जो अर्थ को शब्द देते थे, जबकि 'ज़ौक़' शब्दों पर केंद्रित रह कर अर्थों को संयोजित करते थे। 'फ़िराक़' गोरखपूरी ने 'ज़ौक़' को पंचायती शाइ'र कहा है जिसका मत्लब ये था कि उनमें ज़िन्दगी और दुनिया से संबंधित जन-साधारण के अनुभवों और मान्यताओं को शे'र का रूप देने की ज़बरदस्त महारत थी और ये काम उर्दू शाइ'री में जैसा उन्होंने किया है वैसा किसी से न बन पड़ा। 'फ़िराक़' साहब ने 'ज़ौक़' की एक और विशेषता को भी रेखांकित किया है और वो है हमारी शाइ'री में उर्दूपन को स्थापित करने में उनका योगदान। 'ज़ौक़' का शब्द-संसार

फ़ारसी के प्रभुत्व से बहुत बड़ी हद तक आज़ाद था। उनकी शाइ'री में फ़ारसी तो है मगर फ़ारसीयत नहीं है। वो बोलचाल की भाषा में सोचते थे और इसी में शे'र कहते थे। इसी लिए उनके शे'रों में इतने ज़ियादा मुहावरे और कहावतें नज़र आती हैं जिन्हें उन्होंने बड़ी सहजता और प्राकृतिक अन्दाज़ से इस्ते'माल किया है। इसी लिए सामाजिक ज़िन्दगी की अक्सर स्थितियों और मौक़ों पर 'ज़ौक़' के शे'र सबसे ज़ियादा याद आते हैं।

उन्नीसवीं सदी के आरंभ में उस समय के उर्दू शाइ'रों का वरीयता-क्रम कुछ यूँ था कि 'ज़ौक़' का नाम सबसे पहले आता था, 'ग़ालिब' उनके बा'द और फिर 'मोमिन' आते थे। बीसवीं सदी के आते ही यह क्रम बदल गया। अब 'ग़ालिब' सबसे पहले, 'मोमिन' उनके बा'द और 'ज़ौक़' सबसे आख़िर में थे। फिर धीरे धीरे 'ज़ौक़' हमारे शाइ'री-बोध और स्मृति से विलुप्त हो गया। ये बदलाव, ज़िन्दगी और ज़माने और हमारी चेतना और अनुभूतियों में आने वाले परिवर्तनों के सबब भी था और शाइ'री से हमारी माँग और अपेक्षाओं में तब्दीली के कारण भी कि अब हम शब्दों के पार जाने के लिए शब्दों की दीवार में सेंध लगाने में लग गए थे।

लेकिन अब, इक्कीसवीं सदी के आरंभिक बरसों में, शेख़ इब्राहीम 'ज़ौक़' को फिर से पढ़ना कई लिहाज़ से ज़रूरी मा'लूम होता है। एक तो इस लिए कि उनकी शाइ'री, उन्नीसवीं सदी की देहली (और आसपास के इ'लाक़ों) में आ'म लोगों के होंठों पर रहने और ज़िन्दगी में रचने-बसने वाली उर्दू ज़बान, और उसमें प्रतिबिंबित होने वाली समाजी और संस्कृतिक ज़िन्दगी के रस-रंग, ज़ाइक़े, सुगंध और लय-ताल का आइना है जिसे ज़िन्दा करके उस माहौल को दोबारा महसूस करने के

रास्ते खोले जा सकते हैं। दूसरे ये कि 'ज़ौक़' के कलाम में, सामूहिक और सामान्य अनुभवों को जिस तरह रिकार्ड किया गया है उससे हमें वैयक्तिक जीवन-अनुभवों की जटिलताओं को तोड़ कर एक सरल-सहज और सीधी सादी, साधारण ज़िन्दगी को महसूस करने का मौक़ा मिल सकता है। बातें बहुत हैं मगर उन्हें यहीं रोक कर आइए सुनते हैं कि ख़ुद शेख़ साहब हमसे क्या कह रहे हैं।

फ़रहत एहसास

फ़ेह्‌रिस्त

ग़ज़लें

मज़्कूर[1] तिरी बज़्म[2] में किस का नहीं आता
पर ज़िक्र[3] हमारा नहीं आता नहीं आता
1 चर्चा 2 महफ़िल 3 चर्चा

क्या जाने उसे वह्म[1] है क्या मेरी तरफ़ से
जो ख़्वाब में भी रात को तन्हा नहीं आता
1 शंका, संदेह

हम रोने प आ जाएँ तो दरिया ही बहा दें
शबनम[1] की तरह से हमें रोना नहीं आता
1 ओस

दुनिया है वो सय्याद[1] कि सब दाम[2] में उसके
आ जाते हैं लेकिन कोई दाना[3] नहीं आता
1 शिकारी 2 जाल 3 ज्ञानी, दाना

मरने का मज़ा वो है तिरे कूचे[1] में क़ातिल
जाता है वहाँ कोई तो जीता नहीं आता
1 गली

बेजा[1] है दिला[2] उसके न आने की शिकायत
क्या कीजेगा, फ़रमाइए[3], अच्छा नहीं आता
1 अनुचित 2 ऐ दिल 3 कहिए

साथ उसके हैं हमसाए[1] के मानिन्द[2] वलेकिन[3]
इस पर भी जुदा हैं कि लिपटना नहीं आता
1 पड़ोसी 2 की तरह 3 लेकिन

जाती रहे ज़ुल्फ़ों की लटक दिल से हमारे
अफ़्सोस कुछ ऐसा हमें लटका नहीं आता

क़िस्मत ही से लाचार हूँ ऐ 'ज़ौक़' वगर्ना[1]
सब फ़न[2] में हूँ मैं ताक़[3] मुझे क्या नहीं आता

1 नहीं तो 2 कला 3 दक्ष

वो कौन है जो मुझ प तअस्सुफ़[1] नहीं करता
पर मेरा जिगर देख कि मैं उफ़ नहीं करता

1 अफ़्सोस, दुख प्रकट करना

क्या क़ह्र[1] है वक़्फ़ा[2] है अभी आने में उसके
और दम[3] मिरा जाने में तवक़्क़ुफ़[4] नहीं करता

1 प्रकट 2 देर 3 जान 4 देर

पढ़ता नहीं ख़त ग़ैर[1] मिरा वाँ[2] किसी उ'न्वाँ[3]
जब तक कि वो मज़्मूँ[4] में तसर्रुफ़[5] नहीं करता

1 रक़ीब, मा'शूक़ का अन्य आ'शिक़ 2 वहाँ 3 तरह, शीर्षक 4 लेख 5 हेर-फेर

दिल फ़क़्र[1] की दौलत से मिरा इतना ग़नी[2] है
दुनिया के ज़र[3]-ओ-माल प मैं तुफ़[4] नहीं करता

1 फ़क़ीरी, माया-मोह से दूर होना 2 निर्लिप्त, धनी 3 दौलत 4 धिक्कार

ता[1] दिल न करे साफ़ मय-ए-साफ़[2] से सूफ़ी
कुछ सूद-ओ-सफ़ा[3] इ'ल्म-ए-तसव्वुफ़[4] नहीं करता

1 जब तक 2 अध्यात्म की शराब 3 फ़ायदा और पवित्रता 4 अध्यात्म का ज्ञान

ऐ 'ज़ौक़' तकल्लुफ़[1] में है तक्लीफ़[2] सरासर[3]
आराम में है वो जो तकल्लुफ़ नहीं करता

1 औपचारिकता, दिखावा 2 कष्ट 3 पूरी तरह

❁

नाला[1] इस शोर से क्यों मेरा दुहाई देता
ऐ फ़लक[2] गर तुझे ऊँचा न सुनाई देता

1 फ़र्याद, रोना 2 आस्मान

देख छोटों को है अल्लाह बड़ाई देता
आस्माँ आँख के तिल में है दिखाई देता

रविश-ए-अश्क[1] गिरा देंगे नज़र से इक दिन
है इन आँखों से यही मुझको दिखाई देता

1 आँसू की तरह

पन्जा-ए-मेह्र[1] को भी ख़ून-ए-शफ़क़[2] में हर रोज़[3]
ग़ोते क्या क्या है तिरा दस्त-ए-हिनाई[4] देता

1 सूरज की किरनें 2 आस्मान की लालिमा 3 दिन 4 मेंहदी लगा हाथ

कौन घर आइने के आता अगर वो घर में
ख़ाकसारी[1] से न जारूब[2]-ए-सफ़ाई देता

1 विनम्रता 2 झाड़ू

ख़ूगर-ए-नाज़[1] हूँ किस का कि मुझे साग़र-ए-मय[2]
बोसा-ए-लब[3] नहीं बे-चश्म-नुमाई[4] देता

1 अभिमान का आ'दी 2 शराब का प्याला 3 होठों का चुंबन 4 आँखें तरेरे बिना

देख गर देखना है 'ज़ौक़' कि वो पर्दा-नशीं[1]
दीदाः-ए-रौज़न-ए-दिल[2] से है दिखाई देता

1 पर्दे में रहने वाली / वाला 2 आँख जैसा दिल का झरोखा

लिखिए उसे ख़त में कि सितम[1] उठ नहीं सकता
पर ज़ो'फ़[2] से हाथों में क़लम उठ नहीं सकता

1 अत्याचार 2 कमजोरी

आती है सदा-ए-जरस-ए-नाक़ा-ए-लैला[1]
सद-हैफ़[2] कि मज्नूँ का क़दम उठ नहीं सकता

1 लैला की ऊँटनी की घंटियों की आवाज 2 बहुत दुख की बात है

जूँ दाना-ए-रूईदा-तह-ए-संग[1], हमारा
सर ज़ेर-ए-गराँबार-ए-अलम[2] उठ नहीं सकता

1 पत्थर तले दबा उगा हुआ दाना 2 दुखों के बोझ तले

जो दाग़-ए-मआ'सी[1] है मिरे दामन-ए-तर में
जूँ हर्फ़-ए-सर-ए-काग़ज़-ए-नम[2] उठ नहीं सकता

1 पापों का दाग़ 2 भीगे काग़ज़ पर लिखा अक्षर

क्यो इतना गराँ-बार[1] है जो रख़्त-ए-सफ़र[2] भी
ऐ राहरव-ए-राह-ए-अ'दम[3] उठ नहीं सकता

1 बोझल 2 सफ़र का सामान 3 नश्वरता की राह का यात्री

पर्दा दर-ए-का'बा[1] से उठाना तो है आसाँ[2]
पर पर्दा-ए-रुख़्सार-ए-सनम[3] उठ नहीं सकता

1 का'बे का दरवाज़ा 2 आसान 3 मूर्ति / मा'शूक़ के गाल का पर्दा

दुनिया का ज़र[1]-ओ-माल किया जम्अ'[2] तो क्या 'ज़ौक़'
कुछ फ़ायदा बे-दस्त-ए-करम[3] उठ नहीं सकता

1 दौलत 2 इकट्ठा 3 कृपाशील हाथ के बिना

❁

नाला[1] है उनसे बयाँ दर्द-ए-जुदाई करता
काम क़ासिद[2] का है ये तीर-ए-हवाई[3] करता

1 फ़र्याद, रोना 2 संदेश वाहक 3 हवाई तीर

बैठ रहिए तो कफ़स[1] है अ'जब आराम की जा[2]
पर है बेचैन हमें शौक़-ए-रिहाई[3] करता

1 पिंजरा, क़ैदख़ाना 2 जगह 3 मुक्ति की चाहत

बन्द आँखें किए जाता है किधर तू कि तुझे
है तिरा नक़्श-ए-क़दम[1] चश्म-नुमाई[2] करता

1 पद चिन्ह 2 सावधान

सोज़-ए-दिल[1] कौन बुझाए कि नहीं चश्म[2] में अश्क[3]
पर है कुछ ख़ून-ए-जिगर[4] काररवाई[5] करता

1 दिल की आग 2 आँख 3 आँसू 4 दिल का ख़ून 5 काम दिखाना

नहीं गोश-ए-शुन्वा[1] बाग़-ए-जहाँ[2] में ग़ाफ़िल[3]
वर्ना[4] हर बर्ग[5] है याँ नग़्मा-सराई[6] करता

1 सुनने वाला कान 2 संसार रूपी बाग़ 3 नासमझ 4 नहीं तो 5 पत्ता
6 गीत गाना

'ज़ौक़' उस पा-ए-निगारीं[1] का जो है वस्फ़-निगार[2]
अश्क-ए-ख़ूनीं[3] से है काग़ज़ को हिनाई[4] करता

1 सजा हुआ पाँव 2 प्रशंसा लिखने वाला 3 ख़ून भरे आँसू 4 मेंहदी जैसा

हम हैं और साया[1] तिरे कूचे[2] की दीवारों का
काम जन्नत[3] में है क्या हमसे गुनहगारों[4] का

1 छाया 2 गली 3 स्वर्ग 4 पापियों

मुहतसिब[1] दुश्मन-ए-जाँ गर्चे[2] है मय-ख़्वारों[3] का
दीजे इक जाम[4] तो है यार अभी यारों का

1 धर्म अधिकारी 2 यद्यपि 3 शराब पीने वाले 4 प्याला

चर्ख़[1] पर बैठ रहा जान बचा कर ई'सा[2]
हो सका जब न मुदावा[3] तिरे बीमारों का

1 आस्मान 2 जो मुर्दों को जिला देते थे 3 इ'लाज

क्यों न हर तार में सौ दिल हों गिरफ़्तार कि ज़ुल्फ़
जेलख़ाना है मोहब्बत के गिरफ़्तारों का

'ज़ौक़' पेचीदा[1] कहाँ ज़ुल्फ़ है उस काफ़िर[2] की
है मगर नामा-ए-आ'माल[3] सियहकारों[4] का

1 पेचदार, उलझी हुई 2 ईमान लूटने वाला 3 कर्म पत्र 4 पापियों

बे-सियाही न चला काम क़लम का ऐ 'ज़ौक़'
रू-सियाही[1] सर-ओ-सामाँ[2] है सियहकारों का

1 मुंह काला होना 2 पूँजी

❋

पानी तबीब[1] दे है हमें क्या बुझा[2] हुआ
है दिल ही ज़िन्दगी से हमारा बुझा हुआ

1 चिकित्सक 2 मंत्र पढ़ा हुआ

कहते थे आफ़्ताब-ए-क़यामत[1] जिसे तो वो
निकला चराग़-ए-दाग़-ए-दिल अपना बुझा हुआ

1 प्रलय के दिन का सूरज

फिर आह-ए-सर्द दिल में हुई मेरे मौजज़न[1]
तो फिर भड़क उठा ये फ़तीला[2] बुझा हुआ

1 लहर लेना 2 चराग़ जलाने की बत्ती, फ़लीता

पहले निशाना करता वो बन्दूक़ का मुझे
पर था मिरे नसीब से तोड़ा[1] बुझा हुआ

1 जिससे बन्दूक़ दाग़ी जाती थी

जल कर अगर बुझे भी दिल-ए-सोख़्ता[1] मिरा
तो फिर जलेगा जैसे कि कोला[1] बुझा हुआ

1 जला हुआ दिल 2 कोयला

हम आप जल बुझे मगर इस दिल की आग को
सीने में हमने 'ज़ौक़' न पाया बुझा हुआ

❁

नाम[1] मन्ज़ूर[2] है तो फ़ैज़[3] के अस्बाब[4] बना
पुल बना चाह[5] बना मस्जिद-ओ-तालाब बना

1 प्रसिद्धि 2 चाहना, स्वीकार 3 भलाई 4 सामान 5 कुवाँ

चश्म-ए-मख़्मूर[1] का हूँ किसकी मैं कुश्ता[2] या-रब[3]
कि मिरी ख़ाक[4] से भी जाम-ए-मय-ए-नाब[5] बना

1 मस्त आँख 2 मारा हुआ 3 ऐ ख़ुदा 4 मिट्टी 5 ख़ालिस शराब का प्याला

हाय पछताता हूँ क्यों उससे किया मैंने बिगाड़
कि जो इस तर्ह से अब फिरता हूँ बेताब[1] बना

1 बेचैन

सुर्मा-ए-चश्म-ए-अ'ज़ीज़ाँ[1] न बना तू नादाँ[2]
क्या बना ख़ाक-ए-ग़ुबार-ए-दिल-ए-अहबाब[3] बना

1 अपने प्यारों की आँख का सुर्मा 2 नासमझ 3 दोस्तों के दिल का मैल

तू अगर आप[1] को देखे तो मिरी आँख से देख
अपना आइना मिरा दीदा-ए-पुर-आब[2] बना

1 ख़ुद 2 आँसू भरी आँख

आयत-ए-सज्दा[1] है हक़[2] में मिरे हर जौहर-ए-तेग़[3]
है ख़म-ए-तेग़[4] फ़क़त क्या ख़म-ए-महराब बना

1 क़ुरान की वो आयत जिसे पढ़ कर सर झुकाते हैं 2 पक्ष में 3 तल्वार की तेज़ी 4 तल्वर का घुमाव 5 केवल

जब किया इ'श्क़ के दरिया ने तलातुम[1] ऐ 'ज़ौक़'
तो कहीं मौज[2] बनी और कहीं गिर्दाब[3] बना

1 बाढ़ 2 लहर 3 भँवर

❀

हो तू आ'शिक़ सोच कर उस दुश्मन-ए-ईमान का
दिल न कर जल्दी कि जल्दी काम है शैतान का

झूट ही जानूँ कलाम[1] उस रहज़न-ए-ईमान[2] का
पहन का जामा[3] भी वो आए अगर क़ुर्आन का

1 बात 2 ईमान लूटने वाला 3 लिबास

तो हमारी ज़िन्दगी पर ज़िन्दगी की क्या उमीद
तू हमारी जान लेकिन क्या भरोसा जान का

जो फ़रिश्ते करते हैं कर सकते हैं इन्सान भी
पर फ़रिश्तों से न हो जो काम है इन्सान का

देखना ऐ 'ज़ौक़' होंगे आज फिर लाखों के ख़ून
फिर जमाया उसने ला'ल[1]-ए-लब[2] प लाखा[3] पान का

1 क़ीमती लाल पत्थर 2 होंठ 3 लाख की बनी होंठो की सुर्ख़ी

कोह[1] के चश्मों[2] से अश्कों[3] को निकलते देखा
ऐ सनम[4] पर तिरा पत्थर न पिघलते देखा
1 पहाड़ 2 स्रोतों 3 आँसुओं 4 मूर्ति / मा'शूक़

ज़ो'फ़[1] से सीने में आता है मिरा दम[2] जिस तई
रेग[3] को शीशा-ए-साअ'त[4] में न चलते देखा
1 निर्बलता 2 साँस, शक्ति 3 रेत 4 रेत-घड़ी

जो चढ़ा औज-ए-फ़ना[1] पर वो गिरा साया-नमत[2]
पाँव इस कोठे से है सबका फिसलते देखा
1 नश्वरता का शीर्ष 2 छाया की तरह

अश्क को लेता न दामन में तो क्या करता मैं
गाहवारे[1] में ये लड़का न संभलते देखा
1 पालना

कू-ए-जानाँ[1] से हम और ख़ुल्द[2] से आदम निकले
उनको देखा नहीं पर हमको निकलते देखा
1 प्रेमिका की गली 2 स्वर्ग

ख़ाना[1]-ए-दिल के सिवा आतिश[2]-ए-ग़म से ऐ 'ज़ौक़'
सामने आँखों के घर किसने है जलते देखा
1 घर 2 आग

❁

मैं हमेशा आ’शिक़-ए-पेचीदा-मूयाँ[1] ही रहा
ख़ाक[2] पर रूईदा[3] मेरी इ’श्क़-ए-पेचाँ[4] ही रहा

1 घुंघराले बालों वाले मा’शूक़ों का आ’शिक़ 2 मिट्टी 3 उगता हुआ
4 एक बेल, कठिन प्रेम

बंध सका हम से न मज़्मूँ[1] उस दहान-ए-तंग[2] का
हाथ अपना फ़िक्र[3] में ज़ेर-ए-ज़नख़दाँ[4] ही रहा

1 विषय, प्रसंग 2 छोटा मुंह 3 चिंता २ ठोड़ी के नीचे

पाँव कब निकला रकाब[1]-ए-ख़ाना-ए-ज़ंजीर[2] से
तौसन-ए-वहशत[3] हमारा गर्म-ए-जौलाँ[4] ही रहा

1 पायदान 2 क़ैदख़ाना, पागलख़ाना 3 दीवानगी रूपी घोड़ा 4 भागता हुआ

कब लिबास-ए-दुनयवी[1] में छुपते हैं रौशन-ज़मीर[2]
जामा-ए-फ़ानूस[3] में भी शो’ला उ’र्यां[4] ही रहा

1 सांसारिक वेशभूषा 2 अंतर्यामी, ज्ञानी 3 फ़ानूस का लिबास 4 वस्त्रहीन

आदमिय्यत और शय[1] है इ’ल्म[2] है कुछ और चीज़
कितना तोते को पढ़ाया पर वो हैवाँ[3] ही रहा

1 चीज़ 2 ज्ञान 3 पशु

मुद्दतों दिल और पैकाँ[1] दोनों सीने में रहे
आख़िरश[2] दिल बह गया ख़ूँ होके पैकाँ ही रहा

1 तीर 2 अंततः

आगे[1] ज़ुल्फ़ें दिल में बसती थीं और अब आखें तिरी
मुल्क[2]-ए-दिल अपना हमेशा काफ़िरिस्ताँ[3] ही रहा

1 पहले 2 देश 3 काफ़िरों का देश

मुझ में उस में रब्त[1] है गोया[2] बरंग-ए-बू-ओ-गुल[3]
वो रहा आग़ोश[4] में लेकिन गुरेज़ाँ[5] ही रहा

1 संबंध 2 जैसे 3 गंध और फूल की तरह 4 आलिंगन 5 दूर-दूर

दीन-ओ-ईमाँ[1] ढूँढता है 'ज़ौक़' क्या इस वक़्त में
अब न कुछ दीं[2] ही रहा बाक़ी न ईमाँ ही रहा

1 धर्म-ईमान 2 दीन, धर्म

नाला[1] जब दिल से चला सीने में फोड़ा अटका
चलती गाड़ी में दिया इ'श्क़ ने रोड़ा अटका

1 फ़र्याद, रुदन

जल्द आ वा'दा-ए-दीदार[1] प ऐ वा'दा-ख़िलाफ़[2]
कब तक अटका रहे दम आँखों में थोड़ा अटका

1 दर्शन का वा'दा 2 वा'दा पूरा न करने वाला

तौसन-ए-उ'म्र-ए-रवाँ[1] हर नफ़स[2] उड़ता ही रहा
कहीं मैदान-ए-फ़ना[3] में न ये घोड़ा अटका

1 जीवन रूपी घोड़ा 2 साँस 3 नश्वरता

भागा मज्नूँ मिरी वहशत[1] से बगूले की तरह
सामने मेरे ज़रा भी न भगोड़ा अटका

1 दीवानगी

थी रुकावट दम-ए-कुश्तन[1] भी जो दिल में ऐ 'ज़ौक़'
हाथ तल्वार का जो यार ने छोड़ा अटका

1 हत्या का समय

❁

दरिया-ए-अश्क[1] चश्म[2] से जिस आन[3] बह गया
सुन लीजियो कि अ'र्श[4] का ऐवान[5] बह गया

1 आँसू 2 आँख 2 पल 4 आस्मान 5 महल

ज़ाहिद[1] शराब पीने से काफ़िर हुआ मैं क्यों
क्या डेढ़ चुल्लू पानी में ईमान बह गया

1 धर्म परायण व्यक्ति

है मौज-ए-बह्र-ए-इ'श्क़[1] वो तूफ़ाँ कि अल-हफ़ीज़[2]
बेचारा मुश्त-ए-ख़ाक[3] था इन्सान बह गया

1 प्रेम समुद्र की लहर 2 ईश्वर रक्षा करे 3 मुटठी भर मिट्टी

दरिया-ए-अश्क से दम-ए-तहरीर-ए-हाल-ए-दिल[1]
कश्ती की तरह मेरा क़लम-दान[2] बह गया

1 दिल का हाल लिखते समय 2 क़लम रखने की जगह

ये रोए फूट फूट के पानी के आब्ले[1]
नाला[2] सा एक सू-ए-बयाबान[3] बह गया

1 बुलबुले 2 फ़र्याद, रुदन 3 वीराने की ओर

कश्ती-सवार-ए-उ'म्र[1] हूँ बहर-ए-फ़ना[2] में 'ज़ौक़'
जिस दम बहा के ले गया तूफ़ान बह गया

1 जीवन रूपी नाव पर सवार 2 नश्वरता का समुद्र

था 'ज़ौक़' पहले देहली में पंजाब का सा हुस्न
पर अब वो पानी कहते हैं मुल्तान बह गया

❁

मैं कहाँ संग-ए-दर-ए-यार[1] से टल जाऊँगा
क्या वो पत्थर है फिसलना कि फिसल जाऊँगा

1 मा'शूक़ की चौखट का पत्थर

सर के बल जाऊँगा या पाँव के बल जाऊँगा
जाऊँगा कूचा-ए-दिलदार[1] में कल जाऊँगा

1 मा'शूक़ की गली

मदरसे में भी अगर जाऊँगा तो जा-ए-किताब[1]
शीशा-ए-बादा[2] लिए ज़ेर-ए-बग़ल[3] जाऊँगा

1 किताब की जगह 2 शराब की सुराही 3 बग़ल में

दिल कहे है कि मुझे रौज़न-ए-सीना[1] से निकाल
वर्ना ख़ूँ हो के मैं आँखों से निकल जाऊँगा

1 सीने का झरोखा

हूँ सो हूँ किससे कहूँ क्या कहूँ ये तो मा'लूम
कि बदल देगा कोई और मैं बदल जाऊँगा

आँख से अश्क-सिफ़त[1] मुझको गिरा कर न संभाल
मैं नहीं वो कि संभाले से संभल जाऊँगा

1 आँसू की तरह

कहता वहशत से ये है जामा-ए-पीरी[1] मेरा
देख कपड़ा हूँ पुराना अभी चल जाऊँगा

1 बुढ़ापे का लिबास, बूढ़ा बदन

अ'क़्ल से कह दो कि लाए न यहाँ अपनी किताब
मैं हूँ दीवाना अभी घर से निकल जाऊँगा

जुंबिश-ए-बर्ग-सिफ़त[1] बाग़-ए-जहाँ[2] में ऐ 'जौक़'
कुछ न हाथ आएगा तो हाथ तो मल जाऊँगा

1 किसी पत्ते के हिलने जैसा 2 संसार का बाग़

उसे हम ने बहुत ढूँडा न पाया
अगर पाया तो खोज अपना न पाया

मुक़द्दर ही प गर सूद-ओ-ज़ियाँ[1] है
तो हमने कुछ यहाँ खोया न पाया

1 फ़ायदा नुक़्सान

अहाते[1] से फ़लक के हम तो कब के
निकल जाते मगर रस्ता न पाया

1 घेरा

जहाँ देखा किसी के साथ देखा
कभी हमने तुझे तन्हा[1] न पाया

1 अकेला

कहे क्या हाए ज़ख़्म-ए-दिल हमारा
दहन[1] पाया लब-ए-गोया[2] न पाया

1 मुंह 2 बोलने वाले होंठ

न मारा तूने पूरा हाथ क़ातिल
सितम[1] में भी तुझे पूरा न पाया

1 अत्याचार

नज़ीर[1] उसका कहाँ आ'लम[2] में ऐ 'ज़ौक़'
कोई ऐसा न पाएगा न पाया

1 दृष्टांत, उदाहरण 2 संसार

माल जब उस ने बहुत रद्द-ओ-बदल[1] में मारा
हम ने दिल अपना उठा अपनी बग़ल में मारा

1 परिवर्तन

उस लब[1]-ओ-चश्म[2] से है ज़िन्दगी-ओ-मौत अपनी
कि कभी पल में जलाया कभी पल में मारा

1 होंठ 2 आँख

खींच कर इ'श्क़-ए-सितम-पेशा[1] ने शमशीर-ए-जफ़ा[2]
पहले इक हाथ मुझी पर था अज़ल[3] में मारा

1 अत्याचारी प्रेम 2 अत्याचार की तल्वार 3 आदिकाल

दिल को उस काकुल-ए-पेचाँ[1] से न बल करना था
ये सियह-बख़्त[2] गया अपने ही बल में मारा

1 घुंघराले बाल 2 अभागा

आँख से आँख है लड़ती मुझे डर है दिल का
कहीं ये जाए न इस जंग-ओ-जदल[1] में मारा

1 लड़ाई झगड़ा

न हुआ पर न हुआ 'मीर' का अन्दाज़ नसीब
'ज़ौक़' यारों ने बहुत ज़ोर ग़ज़ल में मारा

नाम यूँ पस्ती[1] में बाला-तर[2] हमारा हो गया
जिस तरह पानी कुवें की तह[3] में तारा हो गया
1 गिरावट, पतन 2 ऊँचा 3 तली

दाँत यूँ चमके हँसी में रात उस मह-पारा[1] के
मैंने जाना माह-ए-ताबाँ[2] पारा-पारा[3] हो गया
1 चाँद का टुकड़ा / मा'शूक़ 2 चमकता चाँद 3 टुकड़े टुकड़े

एक दम भी हम को जीना हिज्र[1] में था नागवार[2]
पर उमीद-ए-वस्ल[3] पर बरसों गुज़ारा[4] हो गया
1 विरह 2 ना-पसन्द 3 मिलन की आशा 4 निर्वाह

दिल प ज़ख़्मों की तरक़्क़ी[1] से हुई और इक बहार
आगे था सद-बर्ग[2] अब ये गुल-हज़ारा[3] हो गया
1 बढ़ना 2 सौ पत्तियों वाला फूल 3 हज़ारों पत्तियों वाला फूल

शेख़ ने इफ़्तारियों[1] के तर निवाले खा लिए
हाँ मगर रोज़े की ख़ुश्की[2] से छुवारा हो गया
1 वो ख़ाने की चीज़ें जिससे रोज़ा खोला जाता है 2 सूखापन

दी शहादत[1] नश्शे की सुर्ख़ी से चश्म-ए-यार[2] ने
लो हमारा ख़ून-ए-पिन्हाँ[3] आश्कारा[4] हो गया
1 गवाही 2 मा'शूक़ की आँख 3 छुपा हुआ ख़ून, अज्ञात हत्या 4 प्रकट

'ज़ौक़' इस बह्र-ए-जहाँ[1] में कश्ती-ए-उ'म्र-ए-रवाँ[2]
जिस जगह पर जा लगी वो ही किनारा हो गया
1 संसार-समुद्र 2 गुज़रती ज़िन्दगी की नाव

बड़े मूज़ी[1] को मारा नफ़्स-ए-अम्मारा[2] को गर मारा
निहंग[3]-ओ-अज़्दहा[4]-ओ-शेर-ए-नर मारा तो क्या मारा

1 दुखदायी 2 वासनात्मक प्रवृत्ति 3 मगरमच्छ 4 अजगर

ख़ता[1] तो दिल की थी क़ाबिल बहुत सी मार खाने के
तिरी ज़ुल्फ़ों ने मुश्कें[2] बाँध कर मारा तो क्या मारा

1 ग़लती 2 कंधे और हाथ

नहीं वो क़ौल[1] का सच्चा हमेशा क़ौल दे दे कर
जो उस ने हाथ मेरे हाथ पर मारा तो क्या मारा

1 बात, प्रण

हँसी के साथ याँ रोना है मिस्ल-ए-क़ुलक़ुल-ए-मीना[1]
किसी ने क़हक़हा[2] ऐ बे-ख़बर मारा तो क्या मारा

1 सुराही से निकलने वाली आवाज़ की तरह 2 अटटहास

जिगर दिल दोनों पहलू में हैं ज़ख़्मी उसने क्या जाने
इधर मारा तो क्या मारा उधर मारा तो क्या मारा

गया शैतान मारा एक सज्दे[1] के न करने में
अगर लाखों बरस सज्दे में सर मारा तो क्या मारा

1 सर झुकाना

दिल-ए-बद-ख़्वाह[1] में था मारना या चश्म-ए-बद-बीं[2] में
फ़लक[3] पर 'ज़ौक़' तीर-ए-आह गर मारा तो क्या मारा

1 बुरा चाहने वाला दिल 2 बुरा देखने वाली आँख 3 आस्मान

आँखें मिरी तल्वों से वो मल जाए तो अच्छा
है हसरत-ए-पाबोस[1] निकल जाए तो अच्छा

1 पाँव चूमने की इच्छा

जो चश्म कि बे-नम हो वो हो कोर[1] तो बेहतर
जो दिल कि हो बे-दाग़ वो जल जाए तो अच्छा

1 दृष्टिहीन

खींचे दिल-ए-इन्साँ को न वो ज़ुल्फ़-ए-सियह-फ़ाम[1]
अज़्दर[2] कोई गर उस को निगल जाए तो अच्छा

1 काले बाल 2 अजगर

फ़ुर्क़त[1] में तिरी तार-ए-नफ़स[2] सीने में मेरे
काँटा सा खटकता है निकल जाए तो अच्छा

1 विरह 2 साँसों का तार

ऐ गिर्या[1] न रख मेरे तन-ए-ख़ुश्क[2] को ग़र्क़ाब[3]
लकड़ी की तरह पानी में गल जाए तो अच्छा

1 रोना 2 सूखा बदन 3 डूबा हुआ

हाँ कुछ तो हो हासिल समर[1]-ए-नख़्ल[2]-ए-मोहब्बत
ये सीना फफोलों से जो फल जाए तो अच्छा

1 फल 2 पेड़

वो सुब्ह को आए तो करूँ बातों में दोपहर
और चाहूँ कि दिन थोड़ा सा ढल जाए तो अच्छा

ढल जाए जो दिन भी तो उसी तरह करूँ शाम
और चाहूँ कि गर आज से कल जाए तो अच्छा

जब कल हो तो फिर वो ही कहूँ कल की तरह से
गर आज का दिन भी यूँ ही टल जाए तो अच्छा

अल-क़िस्सा[1] नहीं चाहता मैं जाए वो याँ से
दिल उसका यहीं गर्चे[2] बहल जाए तो अच्छा

1 संक्षेप में ये कि 2 यद्दपि

है क़त-ए'-रह-ए-इ'श्क़[1] में ऐ 'ज़ौक़' अदब[2] शर्त
जूँ शम्अ' तू अब सर ही के बल जाए तो अच्छा

1 प्रेम मार्ग पर चलना 2 आदर भाव

सुर्मा है सफ़्फ़ाक[1] शोहरा[2] है निगाह-ए-यार का
सच कहा है बाढ़ काटे नाम हो तल्वार का

1 निर्दयी 2 प्रसिद्धि

गर दिखाऊँ जोश अपने नाला-हा-ए-ज़ार[1] का
काम लूँ हर तार-ए-मू[2] से तार-ए-मौसीक़ार[3] का

1 रोना-धोना 2 बालों का तार 3 संगीतकार के बाजे का तार

कूचा-ए-ज़ुल्फ़-ए-बुताँ[1] में दिल पड़ा होगा कहीं
पूछते क्या हो ठिकाना इस ख़ुदाई-ख़्वार[2] का

1 मूर्तियों / मा'शूक़ों के बालों की गली 2 अपमानित

देता है का'बे को आराइश[1] ये जामे[2] की तरह
ज़ाहिदो![3] साया मिरे बुतख़ाने की दीवार का

1 सजावट 2 लिबास 3 धर्म परायण लोगो

आसुओं में शम-ए'-बालीं[1] से बरसते हैं जो फूल
मैं शहीद-ए-नाज़[2] हूँ किस आतशीं-रुख़्सार[3] का

1 सरहाने पर जलने वाला चराग़ 2 सम्मानित शहीद 3 जलते हुए गाल

का'बे के दीवार-ओ-दर से नूर के जल्वे उठें
गर पड़े साया मिरे बुतख़ाने की दीवार का

हर गाम[1] पर रखे है वो ये होश-ए-नक़्श-ए-पा[2]
हो ख़ाक-ए-आ'शिक़ाँ[3] न हम-आग़ोश[4]-ए-नक़्श-ए-पा

1 क़दम 2 पदचिन्ह का ध्यान 3 आ'शिक़ों की मिट्टी 4 आलिंगन-बद्ध

उफ़्तादगाँ[1] को बे-सर-ओ-सामाँ[2] न जानियो
दामान-ए-ख़ाक[3] होता है रूपोश[4]-ए-नक़्श-ए-पा

1 परेशान-हाल लोग 2 जिनके पास कुछ न हो 3 मिट्टी का दामन 4 मुंह छुपाना

ए'जाज़-ए-पा[1] से तेरे अ'जब क्या कि राह में
बोल उट्ठे मुँह से हर लब-ए-ख़ामोश[2]-ए-नक़्श-ए-पा

1 पाँव का चमत्कार 2 चुप रहने वाले होंठ

इस रहगुज़र में किसको हुई फ़ुर्सत-ए-मक़ाम[1]
बैठे है नक़्श-ए-पा-ब-सर-ए-दोश-ए-नक़्श-ए-पा[2]

1 ठहरने की फ़ुर्सत 2 पदचिन्ह के कंधे पर पदचिन्ह

जिस्म-ए-नज़ार-ए-ख़ाक-नशीनान-ए-कू-ए-इ'श्क़[1]
यूँ है ज़मी प जैसे तन-ओ-तोश[2]-ए-नक़्श-ए-पा

1 प्रेम गली के धूल में मिले लोगों का कमज़ोर शरीर 2 शक्ति

फ़ैज़-ए-बरहना-पाइ-ए-मज्नूँ[1] से दश्त में
हर आब्ला[2] बने है दुर-ए-गोश-ए-नक़्श-ए-पा[3]

1 मज्नूँ के नंगे पैरों की कृपा 2 छाला 3 पदचिन्ह के कान का मोती

पा-बोस[1] दरकिनार कि अपनी तो ख़ाक भी
पहुँची न 'ज़ौक़' उस के ब-आग़ोश[2]-ए-नक़्श-ए-पा

1 पाँव चूमना 2 आलिंगन में

जुदा हों यार से हम और न हो रक़ीब[1] जुदा
है अपना अपना मुक़द्दर जुदा नसीब[2] जुदा

1 प्रतिद्वंद्वी 2 भाग्य

दिखा दे जल्वा जो मस्जिद में वो बुत-ए-काफ़िर
तो चीख़ उट्ठे मोअज़्ज़िन[1] जुदा ख़तीब[2] जुदा

1 अज़ान देने वाला 2 धार्मिक प्रवचन देने वाला

जुदा न दर्द-ए-जुदाई हो गर, मिरे आ'ज़ा[1]
हुरूफ़-ए-दर्द[2] की सूरत हों ऐ तबीब[3] जुदा

1 अंग 2 दर्द के अक्षर 3 चिकित्सक

है और इ'ल्म[1]-ओ-अदब[2] मक्तब-ए-मोहब्बत[3] में
कि है वहाँ का मोअ'ल्लिम[4] जुदा अदीब[5] जुदा

1 ज्ञान 2 आदर भाव, साहित्य 3 प्रेम-पाठशाला 4 शिक्षक 5 साहित्यकार

हुजूम-ए-अश्क[1] के हमराह[2] क्यों न हो नाला[3]
कि फ़ौज से नहीं होता कभी नक़ीब[4] जुदा

1 आँसुओं की भीड़ 2 साथ में 3 रोना 4 पुकारने वाला

फ़िराक़-ए-ख़ुल्द[1] से गंदुम[2] है सीना-चाक[3] अब तक
इलाही[4] हो न वतन[5] से कोई ग़रीब जुदा

1 स्वर्ग से निकलना 2 गेहूँ 3 जिसका दिल फटा हो 4 या ख़ुदा 5 जन्म भूमि

करें जुदाई का किस किस की रन्ज[1] हम ऐ 'ज़ौक़'
कि होने वाले हैं हम सब से अ'न-क़रीब[2] जुदा

1 दुख 2 बहुत जल्दी

❋

उनसे कुछ वस्ल[1] का ज़िक्र अब नहीं लाना अच्छा
वो जो कुछ कहवें तो तुम भी कहे जाना अच्छा

1 मिलन

ताइर-ए-जाँ[1] के सिवा कूचा-ए-जानाँ[2] की तरफ़
नामाबर[3] कौन है जो कीजे रवाना अच्छा

1 जान रूपी परिन्दा 2 मा'शूक़ की गली 3 पत्र वाहक

बद-गुमाँ[1] देखो कुछ उसमें भी न डालें रख़्ना[2]
रौज़न-ए-दर[3] से नहीं आँख लड़ाना अच्छा

1 बुरा सोचने वाला 2 विघ्न, बाधा 3 दरवाज़े का छेद

बैठ रह कर के क़नाअ'त[1] कि बशक्ल-ए-मह-ए-नौ[2]
छोड़ आधी को नहीं सारी को जाना अच्छा

1 संतोष 2 नये चाँद की तरह

याँ तो दम[1] में नहीं दम और वो लिए तेग़-ए-दो-दम[2]
कहते हैं देखो नहीं दम का चुराना अच्छा

1 साँस, जान 2 दो धारी तल्वार

सामने यार के ऐ 'ज़ौक़' बहाना आँसू
है तो चाहत के जताने को बहाना अच्छा

❁

तुम चलो रख कर जो मेरा दीदा-ए-तर[1] ज़ेर-ए-पा[2]
पुल हों बहर-ए-अश्क[3] पर मिज़्गाँ[4] सरासर[5] ज़ेर-ए-पा

1 आँसू भरी आँख 2 पाँव तले 3 आँसुओं का समुद्र 4 पलकें 5 पूरी तरह

ख़ाकसारी[1] को हमारे मिल गई इक्सीर[2]-ए-इ'श्क़
अब तो पारस होगा जो आएगा पत्थर ज़ेर-ए-पा

1 साधारण होना 2 अचूक दवा, वो रसायन जिससे लोहे को सोना बनाते हैं

है नमाज़-ए-कुश्ता-ए-क़ामत[1] ब-जाए-जा-नमाज़[2]
ऐ क़यामत ला बिछा दामान-ए-महशर[3] ज़ेर-ए-पा

1 मा'शूक के लम्बे क़द का मारा हुआ 2 नमाज़ पढ़ने की जगह के बदले 3 प्रलय का दामन

ज़ेर-दस्ती[1] पर भी है मूज़ी[2] से लाज़िम[3] एहतिराज़[4]
जब दबेगा साँप काटेगा मुक़र्रर[5] ज़ेर-ए-पा

1 अधीनता, दीनता 2 यातना देने वाला 3 जरूरी 4 बचना 5 अनिवार्य रूप से

हैं तिरे मज्नूँ के मिज़्गाँ वादिए-ए-वहशत[1] के ख़ार[2]
राह आँखों के निकल आए हैं चुभ कर ज़ेर-ए-पा

1 दीवानगी का वीराना 2 काँटा

क़स्र-ए-तन[1] को 'ज़ौक़' सब ग़ारत[2] करेगा एक दिन
च्युँटियों का फिर रहा है ये जो लश्कर[3] ज़ेर-ए-पा

1 शरीर रूपी महल 2 बर्बाद 3 फ़ौज

❋

मिरे ताले’[1] में है क्या काम ऐ गर्दूं[2] सितारे का
चमक जाना है काफ़ी आतिश[3]-ए-दिल के शरारे[4] का

1 भाग्य 2 आस्मान 3 आग 4 चिंगारी

जिसे कहते हैं बहर[1]-ए-इ’श्क़ उसके दो किनारे हैं
अज़ल[2] नाम इस किनारे का अबद[3] नाम उस किनारे का

1 समुद्र 2 आदिकाल 3 अनंत

नफ़स[1] हैं जादा-ए-उ’म्र-ए-रवाँ[2] जिस तर्ह से गुज़रे
यहाँ पूछे है ऐ गुमराह क्या रस्ता गुज़ारे[3] का

1 साँस 2 चलती हुई ज़िन्दगी का रास्ता 3 निर्वाह करना

ख़रीदार उसकी रहमत[1] जिन्स-ए-इ’स्याँ[2] की है रहमत से
छिड़क कर बेचता हूँ नफ़्अ’[3] पर सौदा[4] ख़सारे[5] का

1 कृपा 2 पाप का सामना 3 फ़ायदा 4 सामान, दीवानगी 5 नुक़्सान

न पकड़ें दामन-ए-इल्यास[1] गिर्दाब[2]-ए-बला में हम
कि बदतर[3] डूब कर मरने से है जीना सहारे का

1 एक पैग़म्बर का नाम 2 भँवर 3 ज़ियादा बुरा

फ़क़त[1] तार-ए-नफ़स[2] का ‘ज़ौक़’ तार-ए-जादा[3] काफ़ी है
पय-ए-उ’म्र[4]-ए-रवाँ क्या चाहिए रस्ता गुज़ारे का

1 केवल 2 साँस की डोरी 3 रास्ते की लकीर 4 ज़िन्दगी बिताने के लिए

❁

बरसों हो हिज्र[1], वस्ल[2] हो गर एक दम नसीब[3]
कम होगा मुझसा कोई मोहब्बत में कम-नसीब[4]

1 विरह 2 मिलन 3 प्राप्त 4 अभागा

गर मेरी ख़ाक[1] को हों तुम्हारे क़दम नसीब
खाया करें नसीब[2] की मेरे, क़सम नसीब

1 मिट्टी 2 भाग्य

माही[1] हो या हो माह[2] वो दे एक या हज़ार
बेदाग़[3] हो न दस्त-ए-फ़लक[4] से दिरम[5] नसीब

1 मछली 2 चाँद 3 बिना खोट के 4 आस्मान का हाथ 5 सिक्के का नाम

बेहतर हैं लाख लुत्फ़-ओ-करम[1] से तिरे सितम[2]
अपने ज़हे-नसीब[3] कि हों ये सितम नसीब

1 प्रेम और कृपा 2 अत्याचार 3 अहो भाग्य

ईमाँ है तेरा शौक़-ए-लिक़ा[1] जिसको ये न हो
दीदार[2] उसे ख़ुदा का न हो ऐ सनम[3] नसीब

1 दर्शन की अभिलाषा 2 दर्शन 3 मूर्ति / मा'शूक़

जाते हैं कू-ए-यार[1] को इस में जो हो सो हो
ऐ 'ज़ौक़' आज़्माते हैं आज अपने हम नसीब

1 मा'शूक़ की गली

❀

दिल इ'बादत से चुराना और जन्नत की तलब[1]
काम चोर इस काम पर किस मुंह से उज्रत[2] की तलब
1 माँग, चाहत 2 मज़्दूरी

दूर रह और देर मत रह सामने मिस्ल-ए-हिलाल[1]
शहर में तुझको अगर है अपनी शोहरत[2] की तलब
1 नए चाँद की तरह 2 प्रसिद्धि

बढ़ गई है इ'श्क़ में हिर्स[1] इस क़दर अपनी कि है
ग़म-प-ग़म की आरज़ू[2] हसरत[3]-प-हसरत की तलब
1 लालच 2 कामना 3 लालसा

बत्न-ए-मादर[1] ही से जब पैदा हुआ तक्लीफ़ से
याँ कहाँ राहत[2] कि तू करता है राहत की तलब
1 माँ की कोख 2 आराम

गर गुलिस्तान-ए-जहाँ[1] में तंग है तो गुन्चावार[2]
कर कुशाद-ए-दिल[3] से अपने 'ज़ौक़' वुस्अ'त[4] की तलब
1 संसार रूपी बाग़ 2 कली की तरह 3 दिल का खुलापन 4 फैलाव

❁

मा'लूम[1] जो होता हमें अन्जाम[2]-ए-मोहब्बत
लेते न कभी भूल के हम नाम-ए-मोहब्बत

1 ज्ञात 2 अंत, नतीजा

ने ज़ोहद[1] से है काम न ज़ाहिद[2] से कि हम तो
हैं बादा-कश-ए-इ'श्क़-ओ-मय-आशाम-ए-मोहब्बत[3]

1 धर्म परायणता 2 धर्म परायण व्यक्ति 3 प्रेम-मदिरा पीने वाला

ईमाँ को गिरौ[1] रख के अगर कुफ़्र को ले मोल
काफ़िर न हों गिर्वीदा[2]-ए-इस्लाम-ए-मोहब्बत

1 गिरवी 2 मुग्ध, मोहित

ख़ाकिस्तर-ए-पर्वाना[1] दिखा दूँ मैं उड़ा कर
पूछे कोई मुझ से अगर अन्जाम-ए-मोहब्बत

1 पर्वाने की राख

शौक़-ए-हरम-ए-कूचा-ए-क़ातिल[1] में कफ़न को
हम जानते हैं जामा-ए-एहराम[2]-ए-मोहब्बत

1 क़ातिल की गली रूपी का'बे की चाहत 2 वह कपड़ा जिसे पहन कर हज करते हैं

मे'राज[1] समझ 'ज़ौक़' तू क़ातिल की सिनाँ[2] को
चढ़ सर के बल इस ज़ीने प ता-बाम-ए-मोहब्बत[3]

1 ख़ुदा से मुलाक़ात 2 तीर, बर्छा 3 मोहब्बत की ऊँचाई तक

है वो आज़ार-ए-मोहब्बत[1] से दिल-ए-ज़ार[2] को रन्ज[3]
जिससे ख़ुद रन्ज को आज़ार है आज़ार को रन्ज

1 प्रेम रोग 2 दुखी दिल 3 दुख

दीदा-ए-आब्ला-ए-पा[1] का यही रोना है
कि न पहुँचा हो कहीं मुझसे किसी ख़ार[2] को रन्ज

1 पाँव के छाले की आँख 2 काँटा

जा-ब-जा[1] कोह[2] के चश्मों[3] से रवाँ[4] है आँसू
है जो नाकामी-ए-फ़र्हाद[5] का कुहसार[6] को रन्ज

1 जगह जगह 2 पहाड़ 3 छोटी नदियाँ, स्रोतों 4 बहना 5 प्रेम कथा का नायक 6 पहाड़

कभी करती है क़दम-रन्जः[1] जो गुलशन[2] में सबा[3]
और होता है सिवा[4] मुर्ग-ए-गिरफ़्तार[5] को रन्ज

1 आना 2 बाग़ 3 अच्छी हवा 4 अधिक 5 क़ैद परिन्दा

राहत[1]-ओ-रन्ज ज़माने में हैं दोनों लेकिन
याँ[2] अगर एक को राहत है तो है चार को रन्ज

1 आराम, ख़ुशी 2 यहाँ

होश को बेच के ले दारू[1]-ए-बेहोशी को
'ज़ौक़' बेहोश को आराम है हुश्यार को रन्ज

1 दवा, शराब

❀

फ़ुर्क़त[1] की रात जी चुके हम ता ज़मान-ए-सुब्ह[2]
होगी अज़ान-ए-गोर[3] हमारी अज़ान-ए-सुब्ह
1 विरह 2 सुब्ह का समय 3 क़ब्र की अज़ान

अब बुत-कदे में शाम को नाक़ूस[1] फूँकिए
मस्जिद में मुद्दतों रहे तस्बीह-ख़्वान[2]-ए-सुब्ह
1 शंख 2 माला जपने वाला

रीश-ए-सफ़ेद-ए-शेख़[1] में है ज़ुल्मत-ए-फ़रेब[2]
इस मक्र-चाँदनी[3] प न करना गुमान-ए-सुब्ह[4]
1 धर्म गुरू की सफ़ेद दाढ़ी 2 धोखे का अंधेरा 3 सुब्ह होने का धोखा
4 सुब्ह का भ्रम

पीसे ये दाँत रात में मुझ पर कि घिस गए
अन्जुम[1] के जितने दाँत थे ज़ेब-ए-दहान[2]-ए-सुब्ह
1 सितारे 2 मुंह की सजावट

गुम-कर्दा-रह[1] अज़ल[2] से भटकते हैं रात दिन
ये मेरे नाला-ए-शब-ओ-आह-ओ-फ़ुग़ान-ए-सुब्ह[3]
1 रास्ते से भटके हुए 2 आदिकाल 3 रात और दिन रोना धोना

ये ग़ुल[1] किया कि वस्ल की शब चौंक उठे वो 'ज़ौक़'
क़ाबिल हैं ज़ब्ह[2] करने के ये ताइरान[3]-ए-सुब्ह
1 शोर 2 गला काटना 3 परिन्दे

❁

ठहरी है उनके आने की याँ कल प जा सलाह
ऐ जान-ए-बर-लब-आमदा[1] है तेरी क्या सलाह

1 होंठों पर आई हुई जान

रहता है अपना इ'श्क़ में यूँ दिल से मश्वरा[1]
जिस तर्ह आश्ना[2] से करे आश्ना सलाह

1 सलाह 2 दोस्त

ज़ाहिद ये क्या कहा कि न मिल उन बुतों से तू
देता है ऐसी कोई भी मर्द-ए-ख़ुदा[1] सलाह

1 ख़ुदा को मानने वाला

या रब[1] हो दिल की ख़ैर[2] कि कुछ कर रहे हैं आज
चश्म[3]-ओ-निगाह मश्वरा नाज़-ओ-अदा[4] सलाह

1 या ख़ुदा 2 कुशल-मंगल 3 आँख 4 अदाएँ

क़ुल्लाबे[1] आस्मान-ओ-ज़मीं के न तू मिला
इस पुर-जफ़ा[2] से मिलने की नासेह[3] बता सलाह

1 कड़ियाँ 2 अत्याचारी 3 उपदेशक

उस चश्म-ए-मस्त के हैं ख़राबातियों[1] में हम
तक़्वा[2]-कुजा[3]-ओ-ज़ोह्द[4]-कुजा-ओ-कुजा-सलाह[5]

1 शराबी 2 पवित्रता 3 कहाँ 4 धर्म परायणता 5 भलाई

ऐ 'ज़ौक़' जा न होश-ओ-ख़िरद[1] की सलाह पर
दे इ'श्क़ जो सलाह वही है बजा[2] सलाह

1 बृद्धि 2 ठीक

क्या आए तुम जो आए घड़ी दो घड़ी के बा'द
सीने में होगी साँस अड़ी दो घड़ी के बा'द

थे दो घड़ी से शेख़ जी शेख़ी बघारते
सारी वो शेख़ी उन की झड़ी दो घड़ी के बा'द

कहता रहा कुछ उससे अ'दू[1] दो घड़ी तलक
ग़म्माज़[2] ने फिर और जड़ी दो घड़ी के बा'द

1 दुश्मन, रक़ीब 2 चुग़ली खाने वाला, इधर की उधर लगाने वाला

पर्वाना गिर्द[1] शम्अ' के शब दो घड़ी रहा
फिर देखी उस की ख़ाक पड़ी दो घड़ी के बा'द

1 चारों ओर

तू दो घड़ी का वा'दा न कर देख जल्द आ
आने में होगी देर बड़ी दो घड़ी के बा'द

गो[1] दो घड़ी तक उसने न देखा इधर तो क्या
आख़िर हमीं से आँख लड़ी दो घड़ी के बा'द

1 यद्यपि

क्या जाने दो घड़ी वो रहे 'ज़ौक़' किस तरह
फिर तो न ठहरे पाँव घड़ी दो घड़ी के बाद

❁

मुज़्दा[1]-ए-क़त्ल है उस अ'ह्द-शिकन[2] का काग़ज़[3]
है मिरी रूह को आज़ादी-ए-तन का काग़ज़

1 शुभ समाचार 2 प्रण तोड़ने वाला 3 पत्र

लिक्खें उस चश्म[1] के वहशी के लिए गर[2] ता'वीज़[3]
अह्ल-ए-तक्सीर[4] करें पोस्त-हिरन[5] का काग़ज़

1 आँख 2 अगर 3 वो काग़ज़ जिस में दुआ'एँ लिखी हों 4 ता'वीज़ पर ठीक ठीक संख्याएँ लिखने वाले 5 हिरन की खाल

बन गया अ'क्स[1] से उस शोख़-ए-गुलिस्ताँ-रू[2] के
सफ़्हा[3]-ए-आइना तस्वीर-ए-चमन[4] का काग़ज़

1 प्रतिबिंब 2 बाग जैसे चेहरे वाला चंचल मा'शूक़ 3 पन्ना 4 बाग़

मोह्र[1] वो करता है काग़ज़ प मुझे आए है रश्क[2]
हाय यूँ चूसे लुआ'ब[3] उसके दहन[4] का काग़ज़

1 मोहर लगाना 2 ईर्ष्या 3 पानी, राल 4 मुंह

यूँ असीरान-ए-क़फ़स[1] तक कोई पहुँचा गुल-बर्ग[2]
जैसे ग़ुर्बत[3] में शफ़ीक़ान-ए-वतन[4] का काग़ज़

1 क़ैदख़ाने के क़ैदी 2 फूल की पत्ती 3 परदेस 4 जन्म भूमि के प्यारे लोग

'ज़ौक़'-ए-दिल-सोख़्ता[1] दीवाँ लिखे अपना क्या ख़ाक
मुतहम्मिल[2] नहीं गर्मी-ए-सुख़न[3] का, काग़ज़

1 दिल जला 2 सहन न कर पाना 3 शाइ'री की गर्मी

❁

तिफ़्ल-ए-अश्क[1] ऐसा गिरा दामान-ए-मिज़्गाँ[2] छोड़ कर
फिर न उटठा कूचा[3]-ए-चाक-ए-गरेबाँ[4] छोड़ कर

1 आँसू रूपी बच्चा 2 पलकों का दामन 3 गली 4 फटा गरेबाँ

क्योंकि[1] निकले तीर उसका दिल में पैकाँ[2] छोड़ कर
जाए बैज़े[3] को कहाँ ये मुर्ग़-ए-पर्रां[4] छोड़ कर

1 कैसे 2 तीर 3 अंडा 4 उड़ता हुआ परिन्दा

जिस ने हो लज़्ज़त उठाई ज़ख़्म-ए-तेग़-ए-इ'श्क़[1] की
कब वो मरहम-दान[2] को ढूँडे नमकदाँ[3] छोड़ कर

1 मोहब्बत की तल्वार का घाव 2 मरहम का बर्तन 3 नमक का बर्तन

सर्द-मेह्री[1] से किसी की आगे ही जी सर्द[2] है
याँ से हट जा धूप ऐ अब्र-ए-ख़िरामाँ[3] छोड़ कर

1 उपेक्षा 2 ठंढा 3 उड़ता हुआ बादल

सुर्ख़ी-ए-पाँ[1] देख ले ज़ाहिद[2] जो दन्दाँ[3] पर तिरे
उठ खड़ा हो हाथ से तस्बीह-ए-मर्जां[4] छोड़ कर

1 पान की लाली 2 धर्म परायण व्यक्ति 3 दाँत 4 मूँगे से बनी जाप-माला

गर ख़ुदा देवे क़नाअ'त[1] माह-ए-दो-हफ़्ता[2] की तर्ह
दौड़े सारी को कभी आधी न इन्साँ छोड़ कर

1 संतुष्टि 2 चौदहवी का चाँद

पढ़ ग़ज़ल ऐ 'ज़ौक़' कोई गर्म सी अब तू न जा
जानिब-ए-मज़्मून[1] तर्ज़-ए-तुफ़्ता-जानाँ[2] छोड़ कर

1 काल्पनिक विषयों की ओर 2 दिल-जलों का अन्दाज़

मैं वो मज्नूँ हूँ जो निकलूँ कुन्ज-ए-ज़िन्दाँ[1] छोड़ कर
सेब-ए-जन्नत तक न खाऊँ संग-ए-तिफ़्लाँ[2] छोड़ कर

1 क़ैदख़ाने का एक कोना 2 बच्चों के हाथ के पत्थर

मैं हूँ वो गुमनाम जब दफ़्तर में नाम आया मिरा
रह गया बस मुन्शी-ए-क़ुदरत[1] जगह वाँ[2] छोड़ कर

1 भाग्य लिखने वाला 2 वहाँ

हो गया तिफ़्ली[1] ही से दिल में तराज़ू[2] तीर-ए-इ'श्क़
भागे हैं मक्तब[3] से हम औराक़[4]-ए-मीज़ाँ[5] छोड़ कर

1 बचपन 2 संतुलित 3 पाठशाला 4 पन्ने 5 किताब का नाम

घर से भी वाक़िफ़[1] नहीं उसके कि जिस के वास्ते
बैठे हैं घर-बार हम सब ख़ाना-वीराँ[2] छोड़ कर

1 जानना 2 जिनका घर बर्बाद हो गया हो

वस्ल में गर होवे मुझ को रूयत[1]-ए-माह[2]-ए-रजब[3]
रू-ए-जानाँ[4] ही को देखूँ मैं तो क़ुरआँ छोड़ कर

1 दर्शन 2 चाँद 3 इस्लामी महीने का नाम 4 मा'शूक़ का चेहरा

इन दिनों गरचे[1] दकन[2] में है बड़ी क़द्र-ए-सुख़न[3]
कौन जाए 'ज़ौक़' पर दिल्ली की गलियाँ छोड़ कर

1 यद्दपि 2 दक्षिणी भारत, हैदराबाद 3 शाइ'री का मान-सम्मान

❀

बुलबुल हूँ सेह्न[1]-ए-बाग़ से दूर और शिकस्ता-पर[2]
पर्वाना हूँ चराग़ से दूर और शिकस्ता-पर

1 प्राँगड़ 2 जिसके पर टूटे हों

क्या ढूँढे दश्त[1]-ए-गुमशुदगी[2] में मुझे कि है
अ'न्क़ा[3] मिरे सुराग़[4] से दूर और शिकस्ता-पर

1 वीराना 2 खो जाना 3 काल्पनिक परिन्दा जो प्राप्त नहीं होता 4 पता

करता है दिल का क़स्द[1] कमाँ-दार[2] तेरा तीर
पर है निशान-ए-दाग़ से दूर और शिकस्ता-पर

1 इरादा 2 धनुर्धर

उस मुर्ग़-ए-नातवाँ[1] प है हसरत[2] जो रह गया
मुर्ग़ान-ए-कोह-ओ-राग़[3] से दूर और शिकस्ता-पर

1 कमज़ोर परिन्दा 2 दुख 3 पहाड़ों और जंगलों के परिन्दे

साक़ी[1] बत[2]-ए-शराब है तुझ बिन पड़ी हुई
ख़ुम[3] से अलग अयाग़[4] से दूर और शिकस्ता-पर

1 शराब पिलाने वाला 2 बतख़ 3 शराब का मटका 4 शराब का प्याला

ख़ुद उड़ के पहुँचे नामा[1] जो हो मुर्ग़-ए-नामा-बर[2]
उस शोख़-ए-ख़ुश-दिमाग़[3] से दूर और शिकस्ता-पर

1 पत्र 2 संदेश-वाहक परिन्दा 4 चंचल और विनोदी मा'शूक़

❁

बादाम दो जो भेजे हैं बटुवे में डाल कर
ईमा[1] ये है कि भेज दे आँखें निकाल कर

1 इशारा

दिल सीने में कहाँ है न तू देख-भाल कर
ऐ आह कह दे तीर का नामा[1] निकाल कर

1 कच्चा चिटठा

तेरे मरीज़[1] ने कई नक़्ल-ए-मकाँ[2] किए
आख़िर को रूह तन से गई इन्तिक़ाल[3] कर

1 रोगी 2 मकान बदलना 3 जगह बदलना, मरना

शह-रग[1] प अपनी ज़िन्दगी-ओ-मौत में है लाग[2]
आ तेग़-ए-यार[3] क़िस्सा ये तू इन्फ़िसाल[4] कर

1 सबसे बड़ी रग 2 दुश्मनी 3 प्रेमिका की तल्वार 4 फ़ैस्ला

उतरेगा एक जाम[1] भी पूरा न चाक से
ख़ाक-ए-दिल-ए-शिकस्ता[2] न सर्फ़[3] ऐ कलाल[4] कर

1 प्याला 2 टूटे दिल की मिट्टी 3 इस्ते'माल, ख़र्च 4 शराब बेचने वाला

ले कर बुतों[1] ने जान जब ईमाँ प डाला हाथ
दिल क्या किनारे हो गया सब को संभाल कर

1 मूर्तियाँ / मा'शूक़

सीना हमारा वादी-ए-वहशत[1] है ऐ जुनू
हर दाग़ पर तसव्वुर-ए-चश्म-ए-ग़ज़ाल[2] कर

1 दीवानगी का मैदान 2 हिरन की आँख की कल्पना

गर चाहता है मिस्ल-ए-मह-ए-चारदह[1] फ़रोग़[2]
आ, फिर के शहर शहर में कस्ब-ए-कमाल[3] कर

1 चौदहवी के चाँद जैसा 2 उन्नति 3 पूर्णता अर्जित करना

पूछो चले हैं कौन से का'बे को अह्ल-ए-दर्द[1]
मुल्क-ए-फ़ना[2] है जाएँ ज़रा दिल संभाल कर

1 दुखी लोग 2 नश्वर संसार

तस्वीर उनकी हज़रत[1]-ए-दिल खींच लाए गर
रख देंगे हम भी पाँव प आँखें निकाल कर

1 श्रीमान, महोदय

क़ातिल है किस मज़े से नमक-पाश-ए-ज़ख़्म-ए-दिल[1]
बिस्मिल[2] ज़रा तड़प के नमक तो हलाल कर

1 दिल के घाव पर नमक छिड़कना 2 ज़ख़्मी

दिल को रफ़ीक़[1] इ'श्क़ में अपना समझ न 'ज़ौक़'
टल जाएगा ये अपनी बला तुझ प टाल कर

1 दोस्त

❁

दम[1] ज़ो'फ़[2] से उलटता है आ कर दहन[3] के पास
फिर जाए है पहुँच के मुसाफ़िर वतन[4] के पास
1 साँस 2 कमज़ोरी 3 मुंह 4 जन्म भूमि

ये मौज-ए-ख़ूँ[1] रवाँ[2] नहीं शायद है रो रहा
तेशा[3] सर अपना रख के सर-ए-कोहकन[4] के पास
1 ख़ून की धार 2 बहती हुई 3 कुदाल 4 एक प्रेम कथा का पात्र

इस आरज़ू[1] में ख़ाक हुआ हूँ कि बन के जाम[2]
पहुँचूँ कभी लब-ए-बुत-ए-पैमाँ-शिकन[3] के पास
1 कामना 2 शराब का प्याला 3 वा'दा तोड़ने वाले मा'शूक़ के होंठ

मैं ने कहा कि तू ही दे बोसा कि डर से मैं
ला सकता मुंह नहीं तिरे चाह-ए-ज़क़न[1] के पास
1 गाल का गढ़ा

कहने लगा कि जाता है प्यासा कुँवें के पास
या जाता है कुँवा कहीं तिश्ना-दहन[1] के पास
1 प्यासा

ऐ 'ज़ौक़' सदक़े[1] जाइए पैक-ए-ख़याल[2] के
क्या दम[3] में ले गया है बुत-ए-सीम-तन[4] के पास
1 निछावर 2 कल्पना का दूत 3 पल 4 चाँदी जैसे बदन वाला मा'शूक़

❁

सब मज़ाहिब[1] में यही है नहीं इस्लाम में ख़ास[2]
कि जहाँ आ'म[3] है होता है वहाँ आ'म में ख़ास
1 धर्मों 2 विशेष 3 सामान्य

इ'श्क़ का जोश है जब तक कि जवानी के हैं दिन
ये मरज़[1] करता है शिद्दत[2] इन्ही अय्याम[3] में ख़ास
1 रोग 2 प्रबलता, गहनता 3 समय

शेख़ साहब के हैं नज़्दीक[1] वो ख़ासान-ए-ख़ुदा[2]
ख़िदमती[3] उनके जो हैं ज़ुम्रा-ए-ख़ुद्दाम[4] में ख़ास
1 पास 2 सूफ़ी-संत लोग 3 सेवक 4 सेवकों का समूह

साग़र[1]-ए-दिल की तू वाक़िफ़[2] नहीं कैफ़िय्यत[3] से
देख अ'क्स-ए-रुख़[4]-ए-साक़ी है इसी जाम में ख़ास
1 शराब का प्याला 2 जानना 3 आनंद, मस्ती 4 चेहरे का प्रतिबिंब

काम आ'शिक़ का नहीं कोई बजुज़[1] नाकामी
क्या दिया तू ने लगा उस को इसी काम में ख़ास
1 के अतिरिक्त

'ज़ौक़' अस्मा-ए-इलाही[1] हैं सब इस्म-ए-आ'ज़म
उसके हर नाम में अ'ज़्मत[3] है न इक नाम में ख़ास
1 ख़ुदा के नाम 2 महामंत्र 3 बड़ाई

❀

जो खुल कर उनका जूड़ा बाल आएँ सर से पाँवों तक
बलाएँ आके लें सौ सौ बलाएँ सर से पाँवों तक

हम उनकी चाल से पहचान लेंगे उनको बुर्क़े' में
हज़ार अपने को वो हम से छुपाएँ सर से पाँवों तक

मिरा दिल एक, दूँ उस ख़ुश-अदा[1] की किस अदा को मैं
कि हैं वाँ[2] तो अदाएँ ही अदाएँ सर से पाँवों तक

1 अच्छी अदाओं वाला मा'शूक़ 2 वहाँ

सरापा[1] शौक़[2] जाएँ सर के बल हम जिन के जल्से[3] में
मिसाल-ए-शम्अ'[4] वो हमको जलाएँ सर से पाँवों तक

1 सर से पाँव तक 2 चाहत 3 सभा 4 शम्अ' की तरह

न हों बेपर्दा तो भी वो खड़े हो हो के शोख़ी[1] से
फबन[2] चिलमन[3] में दर-पर्दा[4] दिखाएँ सर से पाँवों तक

1 चंचलता 2 सुंदरता 3 तीलियों का बना पर्दा 4 छुप कर

सरापा पाक हैं धोए जिन्होंने ने हाथ दुनिया से
नहीं हाजत[1] कि वो पानी बहाएँ सर से पाँवों तक

1 आवश्यकता

मज़ा उतना ही 'ज़ौक़' अफ़्ज़ूँ[1] हो जितने ज़ख़्म अफ़्ज़ूँ हों
न क्यों हम ज़ख़्म-ए-तेग़-ए-इ'श्क़[2] खाएँ सर से पाँवों तक

1 बढ़ना 2 मोहब्बत की तल्वार का घाव

❁

फँसा है हल्क़ा-ए-गेसू-ए-ताबदार[1] में दिल
हुआ है जा के निवाला[2] दहान[3]-ए-मार[4] में दिल

1 चमकदार बालों का घेरा 2 खाने का कौर 3 बहुत से मुंह 4 साँप

अगर न जब्र[1] करूँ इख़्तियार[2] ऐ नासेह[3]
तो क्या करूँ कि नहीं मेरे इख़्तियार[4] में दिल

1 संयम 2 धारण 3 उपदेशक 3 क़ाबू

ख़ुदा बचाए मुझे इस बग़ल के दुश्मन से
कि मेरा दुश्मन-ए-जाँ है मिरे कनार[1] में दिल

1 बग़ल, सीना

ब-रंग-ए-बैज़ा-ए-नव[1] रोज़[2] तोड़े दिल उसने
हज़ारों, एक हमारा है किस क़तार[3] में दिल

1 नए अंडे की तरह 2 हर दिन 3 पंक्ति

फ़लक[1] के रंग से ज़ाहिर[2] है मातमी[3] आसार[4]
ख़ुश अपना क्योंकि[5] हो इस नील-गूँ हिसार[6] में दिल

1 आस्मान 2 प्रकट 3 शोकमय 4 निशान 5 कैसे 6 नीले रंग का घेरा

उठा तो लाए मुझे मेरे हमनशीं[1] ऐ 'ज़ौक़'
रहेगा मेरे ए'वज़[2] मेरा कू-ए-यार[3] में दिल

1 दोस्त 2 बदले 3 मा'शूक़ की गली

❀

पाबन्द[1] जूँ दुख़ाँ[2] हैं परेशानियों[3] में हम
या-रब[4] हैं किसकी ज़ुल्फ़ के ज़िन्दानियों[5] में हम

1 मज्बूर 2 धुवाँ 3 बिखराव 4 ऐ ख़ुदा 5 क़ैदियों

ज़न्जीर में भी नाला-ए-ज़न्जीर[1] की तरह
जोश-ए-जुनूँ से रहते हैं जौलानियों[2] में हम

1 ज़न्जीर की झन्कार 2 दौड़ना-भागना

पाई न तेग़[1]-ए-इ'श्क़ से हमने कहीं पनाह[2]
क़ुर्ब-ए-हरम[3] में भी हैं तो क़ुर्बानियों में हम

1 तल्वार 2 सुरक्षा 3 का'बे के पास

पाकोबियों[1] को मुज़्दा[2] हो ज़िन्दाँ[3] को हो नवेद[4]
फिर हैं जुनूँ की सिलसिला-जुम्बानियों[5] में हम

1 नाचने वाले 2 शुभ समाचार 3 क़ैद ख़ाना 4 शुभ समाचार 5 प्रारंभ करना

हैं आइने में सूरत-ए-तस्वीर-ए-आइना[1]
आइना-रू[2] के सामने हैरानियों में हम

1 प्रतिबिंब की तरह 2 आइने जैसे चेहरे वाला मा'शूक़

क्या जानें हम ज़माने को हादिस[1] है या क़दीम[2]
कुछ हो बला से अपनी कि हैं फ़ानियों[3] में हम

1 नश्वर 2 सदैव रहने वाला 3 नश्वर

जा सकते ज़ो'फ़[1] से नहीं कूचे[2] में उसके 'ज़ौक़'
बह जाएँ काश गिर्ये[3] की तुग़्यानियों[4] में हम

1 निर्बलता 2 गली 3 रोना 4 बाढ़

गर तिरा नूर नहीं चश्म[1] में क्या है इसमें
कहना 'फ़ीही नज़रुन'[2] ऐ'न[3] ख़ता[4] है इसमें
1 आँख 2 इसमें संदेह है 3 पूरी तरह 4 भूल

उस जफ़ा-कैश[1] के नामे[2] को कहूँ क्या क़ासिद[3]
जो कि क़िस्मत का लिखा था वो लिखा है इसमें
1 अत्याचारी स्वभाव वाला 2 पत्र 3 संदेश वाहक

रसन-अन्दाज़[1] है चाह-ए-ज़क़न-ए-यार[2] में ज़ुल्फ़
नहीं मा'लूम कि दिल किस का फँसा है इसमें
1 रस्सी खींचना 2 ठोड़ी का गढ़ा

इ'श्क़ की तल्ख़ी-ए-हस्रत[1] के जो ले ले के मज़े
बेमज़ा रहते हैं हम कुछ तो मज़ा है इसमें
1 अधूरी कामनाओं की कड़ुवाहट

तू नगीं[1] तोड़ न दिल का कि बड़ी काविश[2] से
इस्म[3] को मैंने तिरे कन्दा[4] किया है इसमें
1 अंगूठी का नग 2 मेहनत, कष्ट 3 नाम 4 खोदना

शीशा-ए-सब्ज़-ए-फ़लक[1] से न तलब[2] कर मय-ए-ऐ'श[3]
मय कहाँ इसमें है ज़हराब[4] भरा है इसमें
1 आस्मान का हरा शीशा 2 माँगना, चाहना 3 ख़ुशी की शराब 4 जहर

क्या बगूले[1] की तरह ख़ाक[2] का पुतला इन्साँ
उड़ता फिरता है भरी जब से हवा है इसमें
1 बवंडर 2 मिट्टी

❁

अ'न्क़ा[1] की तरह ख़ल्क़[2] से उ'ज़्लत-गुज़ीं[3] हूँ मैं
हूँ इस तरह जहाँ में कि गोया[4] नहीं हूँ मैं

1 एक काल्पनिक पक्षी 2 लोग 3 अलग-थलग रहना 4 जैसे

उस दर प शौक़-ए-सज्दा से फ़र्श-ए-ज़मीं हूँ मैं
मानिन्द-ए-साया[1] सर से क़दम ता-जबीं[2] हूँ मैं

1 छाया की तरह 2 माथे तक

मैं वो नहीं कि तुम हो कहीं और कहीं हूँ मैं
मैं हूँ तुम्हारा साया जहाँ तुम वहीं हूँ मैं

हूँ ताइर-ए-ख़याल[1] न पर हैं न मेरे बाल
पर उड़ के जा पहुँचता कहीं से कहीं हूँ मैं

1 कल्पना का पक्षी

तारा सा हूँ कुवें की मैं तह पर मिसाल-ए-आब[1]
गो[2] नाम आस्माँ प है ज़ेर-ए-ज़मीं[3] हूँ मैं

1 पानी की तरह 2 यद्दपि 3 जमीन के नीचे

देता है पेच क्यों मुझे इस दर्जा ऐ फ़लक[1]
ने[2] चीन-ए-ज़ुल्फ़[3] ने शिकन-ए-आस्तीं[4] हूँ मैं

1 आस्मान 2 न तो 3 बालों के पेच 4 आस्तीन की सिलवटें

❁

वक़्त-ए-पीरी[1] शबाब[2] की बातें
ऐसी हैं जैसे ख़्वाब की बातें

1 बुढ़ापे का समय 2 जवानी

फिर मुझे ले चला उधर देखो
दिल-ए-ख़ाना-ख़राब[1] की बातें

1 घर लुटाने वाला दिल

वाइ'ज़ा[1] छोड़ ज़िक्र-ए-ने'मत-ए-ख़ुल्द[2]
कर शराब-ओ-कबाब की बातें

1 ऐ उपदेशक 2 स्वर्ग की अच्छी चीज़ों की चर्चा

सुनते हैं उस को छेड़ छेड़ के हम
किस मज़े से इ'ताब[1] की बातें

1 प्रकोप

जाम-ए-मय[1] मुंह से तू लगा अपने
छोड़ शर्म-ओ-हिजाब[2] की बातें

1 शराब का प्याला 2 पर्दा

क़िस्सा-ए-ज़ुल्फ़-ए-यार दिल के लिए
हैं अ'जब पेच-ओ-ताब[1] की बातें

1 बेचैनी, बल खाना, क्रोध

ज़िक्र क्या जोश-ए-इ'श्क़ में ऐ 'ज़ौक़'
हम से हों सब्र-ओ-ताब[1] की बातें

1 धैर्य

❁

गुज़रती उ'म्र है यूँ दौर-ए-आस्मानी[1] में
कि जैसे जाए कोई कश्ती-ए-दुख़ानी[2] में

1 काल चक्र 2 भाप / धुवें से चलने वाली नाव

रुकाव ख़ूब नहीं तब्अ'[1] की रवानी[2] में
कि बू[3] फ़साद[4] की आती है बन्द पानी में

1 तबीअ'त, मन 2 बहाव 3 गंध 4 ख़राबी

नहीं ख़िज़ाब[1] से मत्लब मगर ये मू-ए-सफ़ेद[2]
सियाह-पोश[3] हुए मातम-ए-जवानी[4] में

1 जिस से बाल काले किए जाते हैं 2 सफ़ेद बाल 3 काले कपड़े पहनना 4 जवानी का शोक

वो अपने घर को सिधारे और उनकी खोज में हम
फिरे भटकते हुए कू[1]-ए-बद-गुमानी[2] में

1 गली 2 बुरा सोचना

कहूँ मैं अपनी कहानी तो वो ये कहते हैं
बग़ैर झूट नहीं और कुछ कहानी में

बजुज़[1] निसार अ'ली शाह कौन जाने 'ज़ौक़'
तिरी ज़बाँ[2] का मज़ा तेरी शे'र-ख़्वानी[3] में

1 के अतिरिक्त 2 भाषा 3 शे'र सुनाना

मय[1] मिला कर साक़ियान-ए-सामरी-फ़न[2] आब[3] में
करते हैं जादू से अपने आग रौशन आब में

1 शराब 2 जादूगर साक़ी 3 पानी

चश्मा[1]-ए-आइना में कब तर हुआ पा[2]-ए-निगाह
इस तरह जाते हैं देखा पाक-दामन[3] आब में

1 छोटी नदी 2 पाँव 3 चरित्रवान लोग

फिरता है सैल-ए-हवादिस[1] से कोई मर्दों का मुंह
शेर सीधा तैरता है वक़्त-ए-रफ़्तन[2] आब में

1 विपत्तियों की बाढ़ 2 चलते हुए

सोहबत-ए-साफ़ी-दिलाँ[1] से हों मुकद्दर[2] तीरा-दिल[3]
ज़ंग से आलूदा[4] हो जाता है आहन[5] आब में

1 साफ़ दिल लोगों की संगत 2 धुंधला, गदला 3 बुरे दिल वाले लोग
4 दूषित 5 लोहा

ख़त को हम लिखने जो बैठे आँख से उमडे ये अश्क[1]
बह गया ख़त लिखते लिखते मुश्फ़िक़-ए-मन[2] आब में

1 आँसू 2 मुझ कृपा दृष्टि रखने वाले

सीना-साफ़ों[1] के तईं[2] क्या रख़्ना-अन्दोज़ों[3] से ख़ौफ़[4]
तीर मारे से कहीं पड़ता है रौज़न[5] आब में

1 साफ़ दिल वाले 2 को 3 रुकावट डालने वाले 4 डर 5 छेद

❁

मैं हूँ वो ख़िश्त-ए-कुहन[1] मुद्दत से इस वीराने में
बरसों मस्जिद में रहा बरसों रहा मय-ख़ाने में

1 पुरानी ईंट

मैं वो कैफ़ी[1] हूँ कि पानी हो तो बन जाए शराब
जोश-ए-कैफ़िय्यत[2] से मेरी ख़ाक के पैमाने में

1 नशे में चूर 2 नशे की अधिकता

किस नज़ाकत से है देखो इत्तिहाद[1]-ए-हुस्न-ओ-इ'श्क़
ज़ुल्फ़ वाँ[2] शाने[3] ने खींची दर्द है याँ शाने[4] में

1 एकत्व, मिलन 2 वहाँ 3 कंघा 4 कंधा

वहशत[1]-ओ-ना-आश्नाई[2] मस्ती-ओ-बेगानगी[3]
या तिरी आँखों में देखी या तिरे दीवाने में

1 दीवागनी 2 परायापन 3 पराया होना

पत्थरों में ठोकरें खाता है नाहक़[1] सैल-ए-आब[2]
पूछो क्या ले जाएगा आ कर मिरे ग़म-ख़ाने[3] में

1 अकारण 2 पानी की धारा 3 दुखों का घर

एक पत्थर पूजने को शेख़ जी का'बे गए
'ज़ौक़' हर बुत क़ाबिल-ए-बोसा[1] है इस बुत-ख़ाने में

1 चुंबन योग्य

है जी मैं अपने ग़र्रा-ए-जौहर[1] को तोड़ दूँ
आइना-ए-ख़याल-ए-मुकद्दर[2] को तोड़ दूँ

1 गुणों पर अभिमान 2 बुरे विचार का आइना

एहसान ना-ख़ुदा[1] का उठाए मिरी बला
कश्ती ख़ुदा प छोड़ दूँ लंगर को तोड़ दूँ

1 मल्लाह

नाज़ुक-ख़यालियाँ[1] मिरी तोड़ें अ'दू[2] का दिल
मैं वो बला हूँ शीशे से पत्थर को तोड़ दूँ

1 कोमल कल्पनाएँ 2 दुशमन

दश्त[1]-ए-जुनूँ में मैं जो उठाऊँ ज़रा क़दम
पा-ए-रफ़ीक़[2]-ओ-हिम्मत-रहबर[3] को तोड़ दूँ

1 वीराना 2 दोस्त का पाँव 3 रास्ता दिखाने वाले की हिम्मत

साक़ी लड़ाइयों से तिरी चाहता है जी
बाहम[1] लड़ा के शीशा[2]-ओ-साग़र[3] को तोड़ दूँ

1 आपस में 2 शराब की सुराही 3 प्याला

फिर इस मिज़ः[1] को याद करे दिल तो दिल में 'ज़ौक़'
निश्तर[2] चुभो के मैं सर-ए-निश्तर[3] को तोड़ दूँ

1 पलक 2 छुरी 3 छुरी की नोक

सीने से जो मैं आह-ए-दिल-ए-तंग निकालूँ
अफ़्लाक[1] में वुस्अ'त[2] का नया रंग निकालूँ

1 आस्मानों (फ़लक का बहुवचन) 2 फैलाव

हूँ मैं वो जिगर-ख़ूँ[1] कि मसामात-ए-बदन[2] से
जूँ अश्क[3] अ'रक़[4] भी शफ़क़ी-रंग[5] निकालूँ

1 ज़ख़्मी दिल वाला 2 शरीर के छेद 3 आँसू 4 पसीना 5 लाल रंग का

अग़यार[1] बिगाड़ें तो बनाऊँ मैं भला क्यों
वो तर्ह[2] भी दे जाएँ तो मैं जंग[3] निकालूँ

1 दुश्मन, रक़ीब 2 बचाव करना 3 लड़ाई

बुलबुल का अगर गुल[1] है तो गुलफ़ाम[2] है अपना
वो शोख़[3] अगर लाए तो मैं शंग[4] निकालूँ

1 फूल 2 फूल जैसे बदन वाला मा'शूक़ 3,4 चंचल

है दुख़्तर-ए-रज़[1] अपने दिमाग़ों में तो ऐ दोस्त
मैं सब्ज़ा-ए-ख़त[2] और अ'रक़-ए-बंग[3] निकालूँ

1 अंगूर की बेटी / शराब 2 दाढ़ी के हल्के बाल 3 भाँग का रस

है जी में कि ग़ुन्चे[1] को करूँ तंग[2] चमन में
फिर यार का ज़िक्र-ए-दहन-ए-तंग[3] निकालूँ

1 कली 2 छेड़ना, परेशान करना 3 मा'शूक़ के छोटे मुंह की चर्चा

ऐ 'ज़ौक़' तवक्कुल[1] है तो रोज़ी[2] का है क्या फ़िक्र[3]
जूँ मोर[4] मैं आज़ूक़ा[5] तह-ए-संग[6] निकालूँ

1 इश्वर-कृपा पर निर्भर होना 2 जीविका 3 चिंता 4 च्युँटी 5 जीविका 6 पत्थर के नीचे

मज़मून[1]-ए-पेच-ओ-ताब[2] की ताब-ए-रक़म[3] नहीं
है ज़ुल्फ़-ए-यार हाथ में मेरे क़लम नहीं
1 विषय 2 बल खाना, बेचैनी, क्रोध 3 लिखने की शक्ति

मुश्किल हो किस तरह न दिल-ए-गुम-शुदा[1] की खोज
वो ले गया कि जिस प किसी का भरम नहीं
1 खोया हुआ दिल

मुश्किल है मेरे अ'ह्द-ए-मोहब्बत[1] का टूटना
ऐ बेवफ़ा ये तेरी वफ़ा की क़सम नहीं
1 प्रेम-प्रण

लाज़िम[1] है सब्र[2] सब्र अगर कर गया गुरेज़[3]
ढूँढे किधर सुराग़[4] कि नक़्श-ए-क़दम[5] नहीं
1 अनिवार्य 2 धैर्य 3 दूर जाना 4 पता 5 पद चिन्ह

हम काफ़िरान-ए-इ'श्क़[1] को है ये बड़ा अ'ज़ाब[2]
दोज़ख़[3] में आतिश[4] आतिश-ए-संग-ए-सनम[5] नहीं
1 इ'श्क़ के काफ़िर 2 यातना 3 नर्क 4 आग 5 मूर्ति / मा'शूक़ का पत्थर

जाता है बन्द आँखें किए 'ज़ौक़' क्या कि देख
ये राह-ए-कू-ए-यार[1] है कू-ए-अ'दम[2] नहीं
1 मा'शूक़ की गली का रास्ता 2 मौत की गली

इस गुलिस्तान-ए-जहाँ[1] में क्या गुल-ए-इश्रत[2] नहीं
सैर के क़ाबिल है ये पर सैर की फ़ुर्सत[3] नहीं

1 दुनिया का बाग़ 2 ख़ुशी का फूल 3 छुट्टी, समय

दिल वो क्या जिस में नहीं तेरी तमन्ना-ए-विसाल[1]
चश्म[2] वो क्या जिस को तेरी दीद[3] की हस्रत[4] नहीं

1 मिलन की कामना 2 आँख 3 दर्शन 4 अभिलाषा

ख़ाक[1] हो कर भी फ़लक[2] के हाथ से हमको क़रार[3]
एक साअ'त[4] मिस्ल-ए-रेग-ए-शीशा-ए-साअ'त[5] नहीं

1 मिट्टी 2 आस्मान 3 चैन, शांति 4 पल 5 रेत-घड़ी की रेत की तरह

मेरी वहशत पाँव फैलाए तो फिर दोनों जहाँ[1]
हों अगर यक[2] अ'र्सा-ए-मैदाँ[3] तो कुछ वुस्अ'त[4] नहीं

1 लोक 2 एक 3 मैदान का फैलाव 4 विस्तार

ख़ाना-ए-हस्ती[1] का अपने सेह्न[2] है दश्त-ए-अ'द्म[3]
रोज़ कर लीजे चहल-क़दमी[4] मगर रुख़्सत[5] कहाँ

1 आस्तित्व का घर 2 प्राँगड़ 3 नश्वरता का वीराना 4 टहलना 5 समय, आज्ञा

'ज़ौक़' इस सूरत--कदे[1] में हैं हज़ारों सूरत
कोई सूरत अपने सूरत-गर[2] की बे-सूरत नहीं

1 चेहरों का घर, संसार 2 चित्रकार, ईश्वर

❁

हाँ तअम्मुल[1] दम-ए-नावक-फ़िगनी[2] ख़ूब[3] नहीं
अभी छाती मिरी तीरों से छनी ख़ूब नहीं

1 सोचना 2 तीर चलाते समय

गुल[1] परेशान हुआ हँस के चमन[2] में आख़िर
देख ऐ ग़ुन्चे[3] यहाँ ख़न्दा-ज़नी[4] ख़ूब नहीं

1 फूल 2 बाग़ 3 कली 4 हँसना

उटठे ही जाएगा इस दिल से धुआँ आठ पहर
जब तलक जलने का ये सोख़्तनी[1] ख़ूब नहीं

1 जलने वाला

चश्म[1] कहती है तिरी जुम्बिश-ए-मिज़्गाँ[2] से कि देख
सर प बीमार के ये सीना-ज़नी[3] ख़ूब नहीं

1 आँख 2 पलकें चलाना 3 सीना कूटना

बात तो ख़ूब बनाई थी वहाँ हमने मगर
थी जो बिगड़ी हुई तक़्दीर[1] बनी ख़ूब नहीं

1 भाग्य

ताब-ए-दन्दाँ[1] न दिखा बज़्म[2] में तू हँस हँस कर
कोई खा जाए जो हीरे की कनी ख़ूब नहीं

1 दाँतों की चमक 2 महफ़िल

ये नहीं शीशा-ए-मय[1] है किसी मय-ख़्वार[2] का दिल
मोहतसिब[3] देख न कर दिल-शिकनी[4] ख़ूब नहीं

1 शराब का प्याला 2 शराब पीने वाला 3 धर्म अधिकारी 4 दिल तोड़ना

❀

बलाएँ आँखों से उनकी मुदाम[1] लेते हैं
हम अपने हाथों का मिज़्गाँ[2] से काम लेते हैं
1 सदैव 2 पलकें

हम उनकी ज़ुल्फ़ से सौदा[1] जो वाम[2] लेते हैं
तो अस्ल[3]-ओ-सूद[4] वो सब दाम[5] दाम लेते हैं
1 सामान, दीवानगी 2 उधार 3 मूलधन 4 ब्याज 5 पैसा, जाल

शब-ए-विसाल[1] के, रोज़-ए-फ़िराक़[2] में क्या क्या
नसीब[3] मुझसे मिरे इन्तिक़ाम[4] लेते हैं
1 मिलन की रात 2 विरह का दिन 3 भाग्य 4 बदला, प्रतिशोध

हम उनके ज़ोर[1] के क़ाइल[2] हैं, हैं वही शहज़ोर[3]
जो इ'श्क़ में दिल-ए-मुज़्तर[4] को थाम लेते हैं
1 शक्ति 2 मानने वाले 3 बहुत ताक़तवर 4 बेचैन दिल

झुकाए है सर-ए-तस्लीम[1] माह-ए-नव[2] पर वो
ग़ुरूर[3]-ए-हुस्न से किस का सलाम लेते हैं
1 आज्ञाकारी सर 2 नया चाँद 3 अभिमान

तिरे ख़िराम[1] के पैरौ[2] हैं जितने फ़ित्ने[3] हैं
क़दम[4] सब आन के वक़्त-ए-ख़िराम लेते हैं
1 चलना 2 अनुयायी 3 हंगामे, उपद्रव 4 क़दम लेना, पाँव छूना

हमारे हाथ से ऐ 'ज़ौक़' वक़्त-ए-मयनोशी[1]
हज़ार नाज़[2] से वो एक जाम[3] लेते हैं
1 शराब पीते समय 2 अभिमान, नख़रा 3 प्याला

❀

हम से ज़ाहिर-ओ-पिन्हाँ[1] जो उस ग़ारत-गर[2] के झगड़े हैं
दिल से दिल के झगड़े हैं नज़रों से नज़र के झगड़े हैं

1 खुला और छुपा 2 अत्याचारी

जीते ही जी क्या मुल्क-ए-फ़ना[1] में साथ बशर[2] के झगड़े हैं
मर के इधर से जब कि छुटे तो जा के उधर के झगड़े हैं

1 नश्वर संसार 2 आदमी

कैसा मोमिन[1] कैसा काफ़िर कौन है सूफ़ी कैसा रिन्द[2]
सारे बशर हैं बन्दे हक़[3] के सारे शर[4] के झगड़े हैं

1 ईमान वाला 2 शराब पीने वाला 3 सच्चाई, ईश्वर 4 बुराई

एक इक जौर-ओ-सितम[1] पर उसके सौ सौ दाग़-ए-दिल हैं गवाह
हम जो उससे झगड़े हैं हक़[2] साबित[3] कर के झगड़े हैं

1 अत्याचार 2 सच्चाई 3 प्रमाणित

ग़म[1] कहता है दिल में रहूँ मैं जल्वा-ए-जानाँ[2] कहता है मैं
किसको निकालूँ किसको रक्खूँ ये तो घर के झगड़े हैं

1 दुख 2 मा'शूक़ की उपस्थिति / रौशनी

बह्र[1] में मोती पानी पानी ला'ल[2] का दिल ख़ूँ पत्थर में
देखो लब-ओ-दन्दाँ[3] से तुम्हारे ला'ल-ओ-गुहर[4] के झगड़े हैं

1 समुद्र 2 लाल पत्थर 3 होंठ और दाँत 4 क़ीमती पत्थर और मोती

दोस्त के घर में दुश्मन हो जब संग[1] हमारे सीने पर
दिल का ज़िक्र[2] रहा क्या बाक़ी फिर तो सर के झगड़े हैं

1 पत्थर 2 चर्चा

हज़रत-ए-दिल का देखना आ'लम[1] हाथ उठाए दुनिया से
पाँव पसारे बैठे हैं और सर प सफ़र के झगड़े हैं

1 हाल

'ज़ौक़' मुरत्तब[1] क्योंकि[2] हो दीवाँ[3] शिक्वा-ए-फ़ुर्सत[4] किससे करें
बाँधे गले में हमने अपने आप 'ज़फ़र' के झगड़े हैं

1 संकलित 2 कैसे 3 दीवान, संग्रह 4 समय न मिलने की शिकायत

आज उनसे मुद्दई'[1] कुछ मुद्दआ'[2] कहने को हैं
पर नहीं मा'लूम क्या कहवेंगे क्या कहने को हैं

1 रक़ीब, मा'शूक़ के अन्य आ'शिक़ 2 मत्लब की बात

कह दे शबनम[1] से न भर सीमाब[2] गुल[3] के कान में
बुलबुलें अहवाल-ए-दिल[4] कुछ ऐ सबा[5] कहने को हैं

1 ओस 2 पारा, जिसे कान में डालने से कुछ सुनाई नहीं देता 3 फूल
4 दिल का हाल 5 फूल खिलाने वाली हवा

अब तो रात आख़िर हुई मेरी तरफ़ देखो ज़रा
मस्जिदों में लोग अज़ाँ ऐ महलक़ा[1] कहने को हैं

1 चाँद से चेहरे वाली प्रेमिका

मेरे सौदा[1] का अतिब्बा[2] कर नहीं सकते इ'लाज
यूँ ही ख़ब्ती[3] ख़ब्त[4]-ओ-मालीख़ौलया[5] कहने को हैं

1 दीवानगी 2 चिकित्सक 3 दीवाना 4,5 दीवानगी

मिट गए जौहर[1] वफ़ा के उठ गए सब अह्ल-ए-दिल[2]
अब वफ़ा है नाम को और बावफ़ा कहने को हैं

1 गुण 2 दिल वाले

क्या तमाशा है कि उनके कान में उट्ठा है दर्द
हम जो आए दर्द-ए-दिल अपना ज़रा कहने को हैं

बे-सबब[1] सौफ़ार[2] उनके मुंह नहीं खोले हैं 'ज़ौक़'
आए पैक-ए-मर्ग[3] पैग़ाम-ए-क़ज़ा[4] कहने को हैं

1 अकारण 2 तीर की नोक 3 मौत के दूत 4 मौत का संदेश

❋

सलाम करते हैं उनको जिधर को देखते हैं
और उनको देखो ज़रा वो किधर को देखते हैं

है उनकी चश्म[1] की गर्दिश[2] प गर्दिश-ए-आ'लम[3]
जिधर हो उनकी नज़र सब उधर को देखते है

1 आँख 2 घूमना 3 समय-चक्र

हम उनके कोठे प चढ़ कर हैं ढूँढते मह-ए-ई'द[1]
किधर को चाँद है और हम किधर को देखते हैं

1 ई'द का चाँद

ख़ुदा का बन्दा हो ज़ाहिद ख़ुदा को देख ज़रा
कि ज़र[1] के बन्दे ज़माने में ज़र को देखते हैं

1 धन-दौलत

उधर शफ़क़[1] में है शाम और इधर हमें देखो
अभी से दम-ब-दम[2] उठ कर सहर[3] को देखते हैं

1 आस्मान की लाली 2 पल-पल 3 सुब्ह

न पूछो शग़ल[1] असीरी[2] में हम ग़रीबों का
कभी क़फ़स[3] को कभी बाल-ओ-पर[4] को देखते हैं

1 काम 2 क़ैद 3 पिंजरा, क़ैदख़ाना 4 बाज़ू और पर

अयार[1] नक़्द-ए-मोहब्बत[2] का देख सख़्ती पर
लगा के 'ज़ौक़' कसौटी प ज़र[3] को देखते हैं

1 खरे-खोटे की जाँच 2 प्रेम-धन 3 सोना

आफ़त-ए-जाँ[1] दिल को हैं तन के क़फ़स[2] की तीलियाँ
वर्ना[3] हैं याँ बाल-ओ-पर[4] तार-ए-नफ़स[5] की तीलियाँ
1 जान की मुसीबत 2 पिंजरा 3 नहीं तो 4 बाज़ू और पर 5 साँस की डोर

ताइरान-ए-रंग-ए-गुल[1] का फ़िक्र[2] क्या ऐ बाग़बाँ
हैं यही रगहा-ए-गुल[3] उनकी क़फ़स की तीलियाँ
1 फूल के रंग के परिन्दे 2 चिंता 3 फूल की रगें

चश्म-ए-गिर्यां[1] ने अगर की इस बरस बरसात ख़ूब
सब्ज़[2] हो जाएँगी सब मेरे क़फ़स की तीलियाँ
1 रोती हुई आँख 2 हरा / हरी

शेख़ की दाढ़ी तो हाज़िर है लगा दे साक़िया[1]
गर[2] ख़स[3]-ए-शीशा को हैं दरकार ख़स की तीलियाँ
1 ऐ साक़ी 2 अगर 3 घास पूस

है ये बह्र-ए-मुर्ग़-ए-दिल[1] बुलबुल रग-ए-गुल[2] का क़फ़स
इससे नाज़ुक और क्या होंगी क़फ़स की तीलियाँ
1 दिल के परिन्दे के लिए 2 फूल की रग

कारवाँ हैरत का था शब[1] तिनका तिनका दश्त[2] में
रह गईं बन बन के आवाज़-ए-जरस[3] की तीलियाँ
1 रात 2 वीराना 3 कारवाँ की घंटियों की आवाज़

सिलसिला वाबस्ता[1] था कुछ आ'लम-ए-मा'नी[2] से 'ज़ौक़'
वर्ना थीं ये तीलियाँ कब अपने बस की तीलियाँ
1 संबंधित 2 अंर्तज्ञान का संसार

❁

रिन्द[1]-ए-ख़राब-हाल को ज़ाहिद[2] न छेड़ तू
तुझ को पराई क्या पड़ी अपनी नबेड़[3] तू

1 शराबी पीने वाला 2 धर्म परायण व्यक्ति 3 निपटाना

नाख़ुन ख़ुदा न दे तुझे ऐ पन्जा-ए-जुनूँ
देगा तमाम अ'क़्ल के बख़िये[1] उधेड़ तू

1 सिलाई

ऐ ज़ाहिद-ए-दो-रंग[1] न पीर[2] आप[3] को बना
मानिन्द[4]-ए-सुब्ह-ए-काज़िब[5] अभी है अधेड़ तू

1 दोहरे स्वभाव वाला 2 बूढ़ा 3 ख़ुद को 4 की तरह 5 सुब्ह का भ्रम

हो क़त्अ'[1] नख़्ल-ए-उल्फ़त[2] अगर फिर भी सब्ज़[3] हो
क्या हो जो फेंके जड़ ही से उस को उखेड़ तू

1 काटना 2 प्रेम-वृक्ष 3 हरा

उ'म्र-ए-रवाँ[1] का तौसन[2]-ए-चालाक इस लिए
तुझ को दिया कि जल्द करे याँ से एड़ तू

1 गुज़रती ज़िन्दगी 2 घोड़ा

आवारगी से कू-ए-मोहब्बत[1] की हाथ उठा
ऐ 'ज़ौक़' ये उठा न सकेगा खखेड़ तू

1 प्रेम गली

❁

चर्ख़[1] ज़िद्दी है कोई ज़िद न दिलावे उसको
कि सुने ऊ'द[2] को ग़र्क़ी[3] तो जलावे उसको

1 आस्मान 2 ख़ुश्बूदार लकड़ी 3 पानी में डूबने वाला

देखें हम कैसे भुलक्कड़ हो जिसे करते हो याद
भूल जाओ तो भला मेरे भुलावे उसको

क़ालिब-ए-ख़ाकी-ए-इन्साँ[1] को बना कर कच्चा
इ'श्क़ की आग मैं डाला कि पकावे उसको

1 मिट्टी के इन्सान की आकृति

आब्रू[1] ख़ाक में दी उसने मिला आइने की
मुझ सा हो आइना तो मुंह न लगावे उसको

1 सम्मान

मुंह है क्या शम्अ' का हो बज़्म[1] में तुझ से रुकश[2]
चुटकियों में जभी गुलगीर[3] उड़ावे उसको

1 महफ़िल 2 मुक़ाबला करना, शर्मिन्दा होना 3 चराग़ की बत्ती कतरने वाली कैंची

प्यार की बात ये मुझ से नहीं इक और से है
तेरी ये ख़ू[1] है कहे मुझको सुनावे उसको

1 आ'दत, स्वभाव

मुश्त-ए-ख़ाक[1] अपनी कल उस कूचे[2] में हम फेंक आए
अब वो 'ज़ौक़' आप उठावे न उठावे उसको

1 मुट्ठी भर मिट्टी 2 गली

दाना ख़िर्मन[1] है हमें क़त्रा[2] है दरिया हमको
आए है जुज़[3] में नज़र कुल[4] का तमाशा हमको

1 खलियान 2 बूँद 3 खंड, भाग 4 संपूर्णता

शौक़ मस्ती में है गुलगश्त-ए-चमन[1] का हमको
चाहिए जा-ए-अ'सा[2] गर्दन-ए-मीना[3] हमको

1 बाग़ की सैर 2 छड़ी की जगह 3 शराब की सुराही की गर्दन

हम वो मज्नूँ हैं कि दिल अपना है सहरा[1] हमको
और जूँ ख़ैमा-ए-लैला[2] है सुवैदा[3] हमको

1 वीराना, रेगिस्तान 2 कैम्प 3 दिल का दाग़

रख मुकद्दर[1] न बस ऐ चर्ख़ अब इतना हमको
हमने माना कि किया ख़ाक[2] से पैदा हमको

1 मैला, दुखी 2 मिट्टी

किस से तदबीर-ए-दुरुस्ती[1] हो हमारी जूँ ज़ुल्फ़
कि शिकस्तों[2] से बनाया है सरापा[3] हमको

1 सीधा / ठीक करने का प्रयत्न 2 टूटना 3 सर से पाँव तक

और हमदर्द[1] कहाँ हो न हो ऐ हज़रत-ए-दिल[2]
दर्द अब तुम को हमारा हो तुम्हारा हमको

1 सहानुभूति करने वाला 2 श्रीमान दिल

फेंक कर शीशा-ए-दिल[1] हाथ से कहता है वो मस्त
क्या बनाना था हथेली का फफोला हमको

1 दिल रूपी शराब का प्याला

असर-ए-कुफ़्र है ताअ'त[1] से भी अपनी पैदा
नक़्श[2] सज्दे[3] का है पेशानी[4] प टीका हमको

1 इ'बादत, पूजा 2 निशान 3 माथा टेकना 4 माथा

आन पहुँची सर-ए-गिर्दाब-ए-फ़ना[1] कश्ती-ए-उ'म्र
हर नफ़स[2] बाद-ए-मुख़ालिफ़[3] का है झोंका हमको

1 मौत के भँवर में 2 साँस 3 उलटी हवा

करते जूँ कोह[1] नहीं हम तो सुख़न[2] में सबक़त[3]
पर वो कुछ हम से सुनेगा जो कहेगा हमको

1 पहाड़ 2 बात करना 3 पहल

अपना है का'बा-ए-मक़्सूद[1] फ़क़त[2] गौहर-ए-दिल[3]
तौफ़[4] गिर्दाब-सिफ़त[5] चाहिए अपना हमको

1 वांछित 2 केवल 3 दिल का मोती 4 परिक्रमा 5 भँवर की तरह

हम गए जिसकी तरफ़ जूँ गुल-ए-बाज़ी[1] उसने
पास आने न दिया दूर ही फेंका हमको

1 एक दूसरे पर फेंका जाने वाला फूल

जितने आ'शिक़ हैं बहम[1] एक का है एक अ'ज़ीज़[2]
शम्अ' से चाहिए है ख़ून का दा'वा[3] हमको

1 आपस में 2 दोस्त 3 बदला

हम न कहते थे कि 'ज़ौक़' उसकी तू ज़ुल्फ़ों को न छेड़
अब वो बर्हम[1] है तो है तुझ को क़लक़[2] या हमको

1 ग़ुस्से में, बिखरा हुआ 2 दुख

❀

आस्माँ और वो इन्सान बनाता हमको
ख़ाक[1] में था मगर इस ढब से मिलाना हमको

1 मिट्टी, धूल

इस प मरते हैं कि क्यों ग़ैर[1] को तूने मारा
वो नसीब[2] उसको हुई थी जो तमन्ना[3] हमको

1 रक़ीब, मा'शूक़ का अन्य आ'शिक़ 2 प्राप्त होना, भाग्य में होना 3 कामना

हम हैं वो गर्म-रौ-ए-राह-ए-फ़ना[1] जूँ ख़ुर्शीद[2]
साया[3] तक भाग गया छोड़ के तन्हा[4] हमको

1 नश्वरता की राह पर तेज़ चलना 2 सूरज़ 3 छाया 4 अकेला

देखा आख़िर न कि फोड़े की तरह फूट बहे
हम भरे बैठे थे क्यों आपने छेड़ा हमको

हम-सफ़र[1] हो न सका कोई भी अपना लेकिन
जादा[2] पहुँचाने गया ता[3] लब-ए-दरिया[4] हमको

1 सहयात्री 2 पगडंडी, रास्ता 3 तक 4 दरिया-किनारे

हम हैं वो रिन्द[1] कि इस आ'लम-ए-पीरी[2] में भी है
उन्स[3] मयख़ाने से जूँ पम्ब-ए-मीना[4] हमको

1 शराब पीने वाला 2 बुढ़ापा 3 लगाव 4 वो रूई जिससे शराब की सुराही का मुंह बन्द करते हैं

खाने[1] पीने की क़सम खाई है हमने तुझ बिन
वर्ना है ज़हर तो हर तई गवारा[2] हमको

1 नहीं तो 2 पसन्द

हम तबर्रुक[1] हैं बस अब कर ले ज़ियारत[2] मज्नूँ
सर प फिरता है लिए आब्ला-ए-पा[3] हमको

1 बुजुर्गों की यादगार 2 दर्शन करना 3 पाँव का छाला

वस्ल[1] का उसके तसव्वुर[2] जो बंधा रहता है
तो मज़े हिज्र[3] में भी आते हैं क्या क्या हमको

1 मिलन 2 ध्यान 3 विरह

वाह क़स्साम-ए-अज़ल[1] सदक़े[2] हम इस क़िस्मत के
जाम-ए-इ'शरत[3] उसे और दाग़-ए-तमन्ना[4] हमको

1 भाग्य विधाता 2 निछावर 3 ख़ुशी का प्याला 4 अधूरी इच्छाओं का दाग़

दिल में निश्तर[1] निगह-ए-यार का आ ही खटका
वो ही पेश[2] आया जो मुद्दत[3] से था खटका हमको

1 छुरी 2 सामने 3 बहुत दिन

'ज़ौक़' बाज़ी-गह-ए-तिफ़्लाँ[1] है सरासर[2] ये ज़मीं
साथ लड़कों के पड़ा खेलना गोया[3] हमको

1 बच्चों के खेल की जगह 2 पूरी तरह 3 अर्थात, मानो

सग[1]-ए-दुनिया पस-अज़-मुर्दन[2] भी दामन-गीर[3]-ए-दुनिया हो
कि इस कुत्ते की मिट्टी से भी कुत्ता-घास[4] पैदा हो

1 कुत्ता 2 मरने के बा'द 3 लिप्त 4 एक घास जो कपड़ों में चिपक जाती है

तिरे बीमार को गर अपने जीने की तमन्ना[1] हो
फ़लक[2] पर सुन के हँसते हँसते शादी-मर्ग[3]-ए-ई'सा हो

1 इच्छा 2 आस्मान 3 ख़ुशी से मर जाना

मुझे बलवे में मारा है निगाह-ए-नाज़[1]-ए-मिज़्गाँ[2] के
बताऊँ किसको क़ातिल किस प मेरे ख़ूँ का दा'वा हो

1 गर्वीली नजरें 2 पलकें

जुदा यारों से यूँ हम रह गए हैं नातवानी[1] में
कि जूँ शाख़-ए-ख़िज़ाँ-दीदा[2] प कोई ज़र्द[3] पत्ता हो

1 कमज़ोरी 2 पतझड़ से प्रभावित टहनी 3 पीला

दराज़ी[1] में शब-ए-ग़म[2] की अगर बहलाए दिल मज्नूँ
ख़याल-ए-ज़ुल्फ़-ए-लैला उसके हक़[3] में अल्फ़-लैला[4] हो

1 लम्बाई 2 दुख भरी रात 3 लिए 4 हज़ार रातें, एक पुरानी दास्तान

जो ज़िक्र[1] अल्लाह को हो 'ज़ौक़' माने'[2] माया-ए-इ'शरत[3]
तो क्यों हक़-हक़[4] करे वो शीशा[5] जिस शीशे में सहबा[6] हो

1 चर्चा 2 रोकने वाला 3 भोग-विलास की दौलत 4 ख़ुदा-ख़ुदा, बोतल से निकलने वाली आवाज़ 5 काँच की सुराही 6 शराब

❁

क्योंकि[1] क़ाबू में फ़लक[2] के आ'शिक़-ए-वारस्ता[3] हो
ये तो जब होगा कमाँ[4] के बस में तीर-ए-जस्ता[5] हो
1 कैसे 2 आस्मान 3 आज़ाद 4 कमान 5 कमान से निकला तीर

सर्द-मेह्‌री[1] से तिरी गर[2] ख़ून-ए-दिल यख़-बस्ता[3] हो
फिर न टपके गर्चे[4] कूज़ा[5] दिल का सब बशिकस्ता[6] हो
1 निर्दयता 2 अगर 3 बर्फ़ जैसा जमा हुआ 4 यद्दपि 5 प्याला 6 टूटा हुआ

हर क़दम पर है ख़राश-ए-पा-ए-मज्नूँ[1] गुल-फ़िशाँ[2]
ताकि हर इक ख़ार[3]-ए-सहरा-ए-जुनूँ गुलदस्ता हो
1 मज्नूँ के पाँव का घाव 2 फूल बरसाता 3 काँटा

जाने कब बेदर्द अन्दाज़-ए-कलाम-ए-दर्दमन्द[1]
'ज़ौक़' मेरा हम-सुख़न[2] गर हो कोई दिल-ख़स्ता[3] है
1 दुखी व्यक्ति की बात / शाइ'री का ढंग 2 बात करने वाला 3 टूटे दिल वाला

मुंह से जो निकले वो कुछ हो पर हो दिलकश[1] एक बात
आह-ए-मौज़ूँ[2] हो कि नाला[3] मिसरा-ए'-बरजस्ता[4] हो
1 आकर्षक 2 जो बह्‌र में हो 3 फ़र्याद 4 फ़ौरन कहा गया मिसरा

❁

सफ़ा[1] में तेरे रुख़[2] से आइना क्या ख़ाक हमसर[3] हो
निगाह-ए-चश्म-ए-सुर्मालूद[4] से भी जो मुकद्दर[5] हो

1 सफ़ाई, चमक 2 चेहरा 3 बराबर 4 सुर्मा लगी आँख 5 गदला

मिरी तासीर-ए-वहशत[1] वो है मुज़्तर[2] जिससे पत्थर हो
नगीं[3] पर नाम लिख दूँ तो निकल के घर से बाहर हो

1 दीवानगी का असर 2 बेचैन 3 अँगूठी का नग

हरम[1] को जाए ज़ाहिद[2] हम तो मयख़ाने को चलते हैं
मुबारक उसको तौफ़[3]-ए-का'बा हमको दौर-ए-साग़र[4] हो

1 का'बा, जहाँ हज किया जाता है 2 धर्म परायण व्यक्ति 3 परिक्रमा 4 शराब के प्याले का घूमना

नशा टूटे तिरे साग़र-कश-ए-वहशत[1] का क्या मुम्किन[2]
अगर सौ टुकड़े संग-ए-कौदकाँ[3] से कासा-ए-सर[4] हो

1 दीवानगी की शराब पीने वाला 2 संभव 3 बच्चों के हाथों का पत्थर 4 सर का प्याला / खोपड़ी

जो खोए आप[1] को वो मन्ज़िल-ए-मक़्सूद[2] को पहुँचे
तिरी गुम-गश्तगी[3] इस राह में ऐ 'ज़ौक़'[4] रहबर हो

1 ख़ुद 2 वांछित 3 खोया होना 4 पथ प्रदर्शक

❁

दिन कटा, जाइए अब रात किधर काटने को
जब से वो पास नहीं दौड़े है घर काटने को

हाय सय्याद[1] तू आया मिरे पर काटने को
मैं तो ख़ुश था कि छुरी लाया है सर काटने को
1 शिकारी

अपने आ'शिक़ को न खिलवाओ कनी हीरे की
उसके आँसू ही ये काफ़ी हैं जिगर काटने को

वो शजर[1] हूँ न गुल-ओ-बार[2] न साया मुझ में
बाग़बाँ ने है लगा रक्खा मगर काटने को
1 पेड़ 2 फूल और फल

दाँत अन्जुम[1] हैं निकाले हुए मुझ पर तुझ बिन
मुंह फ़लक[2] खोले है ऐ रश्क-ए-क़मर[3] काटने को
1 सितारे 2 आस्मान 3 जिससे चाँद को भी ईर्ष्या हो

बजा[1] कहे जिसे आ'लम[2] उसे बजा समझो
ज़बान-ए-ख़ल्क़[3] को नक़्क़ारा[4]-ए-ख़ुदा समझो
1 ठीक 2 संसार 3 लोगों की बातें 4 नगाड़ा

न समझो दश्त, शिफ़ा-ख़ाना-ए-जुनूँ[1] है ये
जो ख़ाक सी भी पड़े फाँकनी दवा समझो
1 दीवानगी का चिकित्सालय

नफ़स[1] की आमद-ओ-शुद[2] है नमाज़-ए-अह्ल-ए-हयात[3]
जो ये क़ज़ा[4] हो तो ऐ ग़ाफ़िलो[5] क़ज़ा[6] समझो
1 साँस 2 आना-जाना 3 ज़िन्दा लोगों की नमाज़ 4 छूटना 5 नासमझ लोग 6 मौत

तुम्हारी राह में मिलते हैं ख़ाक में लाखों
इस आरज़ू[1] में कि तुम अपनी ख़ाक-ए-पा[2] समझो
1 कामना 2 पाँव की धूल

समझ है और तुम्हारी कहूँ मैं तुमसे क्या
तुम अपने दिल में ख़ुदा जाने सुन के क्या समझो

तुम्हें है नाम से क्या काम मिस्ल-ए-आइना[1]
जो रू-ब-रू[2] हो उसे सूरत-आश्ना[3] समझो
1 आईने जैसा 2 आमने सामने 3 जान पहचान वाला

नहीं है कम ज़र-ए-ख़ालिस[1] से ज़र्दी-ए-रुख़्सार[2]
तुम अपने इ'श्क़ को ऐ 'ज़ौक़' कीमिया[3] समझो
1 अस्ली सोना 2 गालों का पीलापन 3 रसायन जिससे सोना बनाते हैं

पथरा दिया जल्वे[1] ने तिरे चश्म-ए-सनम[2] को
चकरा दिया ग़म्ज़े[3] ने तिरे तौफ़-ए-हरम[4] को

1 उपस्थिति / रौशनी 2 मूर्ति / मा'शूक़ की आँख 3 चपलता 4 का'बे की परिक्रमा

जब से कि लिखा है तिरा वस्फ़-ए-रुख़-ए-ज़ेबा[1]
चूमे है क़लम लौह[2] को और लौह क़लम को

1 सुंदर चेहरे की प्रशंसा 2 तख़्ती

रौनक़ है बहार-ए-गुल-ए-रुख़्सार[1] से तेरी
गुलज़ार-ए-हुदूस[2]-ओ-चमनिस्तान-ए-क़िदम[3] को

1 गाल के फूल की बहार 2 जीवन अभिव्यक्ति रूपी बाग 3 अनश्वरता का बाग़

जाए न कजी[1] तब-ए'-जफ़ा-पेशा[2] से हर्गिज़[3]
किस तरह निकाले कोई शमशीर[4] के ख़म[5] को

1 टेढ़ 2 अत्याचारी स्वभाव 3 किसी भी तरह 4 तल्वार 5 घुमाव

जिस दिन से ज़मीं पर है फ़लक[1] ख़ाक[2] है उड़ती
देते थे यहाँ राह न उस सब्ज़-क़दम[3] को

1 आस्मान 2 धूल 3 जिसका आना अशुभ हो

दे जाम[1] मुझे चश्म-ए-इ'नायत[2] से जो साक़ी
दिखलाऊँ तमाशा अभी कीख़ुसर-ओ-जम[3] को

1 प्याला 2 कृपा दृष्टि 3 बादशाहों के नाम

बद[1] हो कोई या नेक रक़म[2] काम है उसका
अहवाल[3]-ए-बद-ओ-नेक से क्या काम क़लम को

1 बुरा 2 लिखना 3 हाल

❁

हाथ सीने प मिरे रख के किधर देखते हो
इक नज़र दिल से इधर देख लो गर देखते हो

है दम-ए-बाज़-पसीं[1] देख लो गर देखते हो
आइना मुंह प मिरे रख के किधर देखते हो
1 लौटती हुई साँस, मौत का समय

पर-ए-पर्वाना[1] पड़े हैं शजर[2]-ए-शम्अ' के गिर्द
बर्ग-रेज़ी[3]-ए-मोहब्बत का समर[4] देखते हो
1 पर्वाने के पर 2 पेड़ 3 पत्तों का गिरना 4 फल

शौक़-ए-दीदार[1] मिरी ना'श[2] प आ कर बोला
किसकी हो देखते राह और किधर देखते हो
1 दर्शन की चाहत 2 लाश

लज़्ज़त-ए-नावक-ए-ग़म[1] 'ज़ौक़' से हो पूछते क्या
लब[2] पड़े चाटते हैं ज़ख़्म-ए-जिगर देखते हो
1 दुख के तीर का मज़ा 2 होंठ

❁

जो कहवे क़द-ए-यार की तस्वीर दिखा दो
तुम लिक्खो अलिफ़[1] और वही तहरीर[2] दिखा दो

1 उर्दू वर्णमाला का पहला अक्षर 2 लेख

हालत तपिश-ए-दिल[1] की मिरे पूछें अगर वो
तुम उनको तड़पता हुआ नख़्चीर[2] दिखा दो

1 दिल की आग 2 शिकार

गर देख ले ज़ाहिद[1] तो फिर ईमान ही लाए
तुम मुस्हफ़-ए-रुख़[2] उसको ब-तदबीर[3] दिखा दो

1 धर्म परायण व्यक्ति 2 चेहरे की किताब 3 चालाकी से, किसी भी तरह

उस चश्म[1] को है नाज़[2] बड़ा तीर-ए-निगह पर
ऐ हज़रत[3]-ए-दिल आह की तासीर[4] दिखा दो

1 आँख 2 अभिमान 3 महोदय 4 असर

देते हैं ख़बर ग़ैब[1] की गर शेख़ जी साहब
कह दो कि हमें तुम ख़त-ए-तक़्दीर[2] दिखा दो

1 अदृश्य दुनिया 2 भाग्य-रेखा

इक जान है इक दिल है सौ हैं यक-रुख़-ओ-यक-रंग[1]
तुम चाहो तो हर रंग में तासीर दिखा दो

1 एक चेहरा / पहलू, एक रंग

लुत्फ़-ओ-करम-ए-यार[1] के तुम पर, जो हैं मुन्किर[2]
'ज़ौक़' आज उन्हें तुम यार की तहरीर दिखा दो

1 मा'शूक़ का स्नेह और कृपा 2 न मानने वाला

❁

साथ अपने है अब फ़ौज-ए-अलम[1] और ज़ियादा[2]
कर तू भी बुलन्द[3] आह अ'लम[4] और ज़ियादा

1 दुखों की फ़ौज 2 अधिक 3 ऊँचा 4 झंडा

है बाग़-ए-जहाँ[1] में तुझे गर हिम्मत-ए-आ'ली[2]
कर गर्दन-ए-तस्लीम[3] को ख़म[4] और ज़ियादा

1 संसार रूपी बाग़ 2 बड़ा हौस्ला 3 स्वीकृति / विनम्रता 4 झुका हुआ, झुकना

लेते हैं समर[1] शाख़-ए-समरवर[2] को झुका कर
झुकते हैं सख़ी[3] वक़्त-ए-करम[4] और ज़ियादा

1 फल 2 फलदार टहनी 3 दानी लोग 4 कृपा करते समय

ऐ ख़न्जर-ए-ख़ूँ-ख़्वार[1] न बुर्रिश[2] में कमी कर
हाँ तुझ को मिरे सर की क़सम और ज़ियादा

1 जान लेवा छुरी 2 काटना

क्या क़हर[1] है जितना कि वो चाहत से हटे है
उतना ही उसे चाहे हैं हम और ज़ियादा

1 प्रकोप

चालीस क़दम साथ वो ताबूत[1] के आए
क्या हो जो बढ़ें चन्द[2] क़दम और ज़ियादा

1 लाश रखने का सन्दूक़ 2 कुछ

जो कुन्ज-ए-क़नाअ'त[1] में हैं तक़्दीर प शाकिर[2]
है 'ज़ौक़' बराबर उन्हें कम और ज़ियादा

1 संतोष का कोना 2 संतुष्ट

❀

ऐ 'ज़ौक़' वक़्त नाले[1] के रख ले जिगर प हाथ
वर्ना जिगर को रोएगा तू धर के सर प हाथ

1 फ़र्याद

छोड़ा न दिल में सब्र[1] न आराम ने[2] क़रार[3]
तेरी निगह ने साफ़ किया घर के घर प हाथ

1 धैर्य 2 न 3 शांति

खाए है इस मज़े से ग़म-ए-इ'श्क़ मेरा दिल
जैसे गुरिस्ना[1] मारे है हल्वा-ए-तर[2] प हाथ

1 भूखा 2 बहुत चिकनाई वाला हल्वा

ख़त दे के चाहता था ज़बानी भी कुछ कहे
रक्खा मगर किसी ने दिल-ए-नामा-बर[1] प हाथ

1 पत्र-वाहक

मैं ना-तवाँ[1] हूँ ख़ाक का पर्वाने की ग़ुबार[2]
उठता हूँ रख के दोश-ए-नसीम-ए-सहर[3] प हाथ

1 कमज़ोर 2 धूल 3 सुब्ह की हवा का कंधा

ऐ शम्अ' एक चोर है बादी[1] ये बाद-ए-सुब्ह[2]
मारे है कोई दम में तिरे ताज-ए-ज़र[3] प हाथ

1 हवाई 2 सुब्ह की हवा 3 सोने का ताज

ऐ 'ज़ौक़' मैं तो बैठ गया दिल को थाम कर
इस नाज़[1] से खड़े थे वो रख कर कमर प हाथ

1 अभिमान

जुनूँ के जेब-दरी[1] पर हैं ख़ूब चलते हाथ
सुलूक[2] सीने से भी कुछ तो कर ले चलते हाथ

1 जेब फाड़ना 2 भला व्यवहार

मला जो ग़ैर[1] को इ'त्र उसने वाँ[2], तो रश्क[3] से याँ[4]
लकीरें मिट गईं हाथों की मलते मलते हाथ

1 रक़ीब, मा'शूक़ का अन्य आशिक़ 2 वहाँ 3 ईर्ष्या 4 यहाँ

तप-ए-दरूँ[1] से मिरी नब्ज़ पर तबीबों[2] के
हज़ार बार फफोलों[3] से देखे फलते हाथ

1 अन्दर की गर्मी 2 चिकित्सकों 3 छाले

फ़क़ीर[1] वज्द[2] में जब हाथ उठाए आ'लम[3] से
तो पहुँचे अ'र्श[4] तलक कूदते उछलते हाथ

1 संत 2 परम आनंद 3 संसार 4 आस्मान

न आया गोर[1] प मेरी वो बे-वफ़ा वर्ना
गले लगाने को तुर्बत[2] से भी निकलते हाथ

1, 2 क़ब्र

जो छेड़े बर्क़[1] को ये तफ़्ता-जाँ[2] तो कहती है
कि देख मुझ को लगाना न जलते जलते हाथ

1 बिजली 2 दिल जला

कोई जो काम हो पीरी[1] में किस तरह हो 'ज़ौक़'
कि अब न पाँव संभलते न हैं संभलते हाथ

1 बुढ़ापा

क्या क्या मुसीबतें हैं दिल-ए-पुर-मेहन[1] के साथ
इक ज़ख़्म-ए-ताज़ा रोज़ है ज़ख़्म-ए-कुहन[2] के साथ

1 दुखों से भरा दिल 2 पुराना

वहशी को हमने देखा उस आहू-निगाह[1] के
जंगल में भर रहा था क़ुलाँचें हिरन के साथ

1 हिरन जैसी नज़रों वाला मा'शूक़

पाया दर[1]-ए-असर न कहीं रात भर फिरी
सर मारती ये आह सिपह्र[2]-ए-कुहन के साथ

1 दरवाज़ा 2 आस्मान

गन्दुम[1] है सीना-चाक[2] फ़िराक़-ए-बिहिश्त[3] में
आदम को क्या न होगी मोहब्बत वतन[4] के साथ

1 गेहूँ 2 जिसका दिल फटा हो, बहुत दुखी 3 स्वर्ग से जुदाई 4 जन्म भूमि

मुश्किल है 'ज़ौक़' क़ैद-ए-तअ'ल्लुक़[1] का टूटना
जब तक कि रूह को है इ'लाक़ा[2] बदन के साथ

1,2 संबंध

बे-नसीब[1] उसके हैं गर[2] दीदार[3] से
सी दो आँखों को नज़र के तार से

1 जो भाग्य में नहीं 2 अगर 3 दर्शन

मारे गर सैली[1] वो ज़ुल्फ़-ए-पुर-अ'रक़[2]
झड़ पड़ें दन्दाँ[3] दहान-ए-मार[4] से

1 थप्पड़ 2 भीगे बाल 3 दाँत 4 साँप का मुंह

ये भी उस नाज़ुक-कमर[1] को बार[2] हो
गर कमर बाँधे नफ़स[3] के तार से

1 कोमल कमर वाला मा'शूक़ 2 बोझ 3 साँस

नुक़्ता-ए-ख़ाल[1] उसका सौदा-ख़ेज़[2] है
फिरते हैं इक पाँव हम परकार से

1 तिल का बिंदु 2 दीवाना करने वाला

उठ चुका वो नातवाँ[1] जो रह गया
दब के तेरे साया-ए-दीवार से

1 कमज़ोर

ज़ुल्फ़ की क़म्ची[1] से दिल डरता नहीं
भूत भागे है वगर्ना[2] मार से

1 कोड़ा 2 नहीं तो

बे-तमीज़ो को हो नुक़्साँ लुत्फ़[1] 'ज़ौक़'
ले हैं नाम-ए-तिफ़्ल[2] आधा प्यार से

1 स्नेह, आनंद 2 बच्चे का नाम

नहीं सबात[1] बुलन्दी-ए-इ'ज़्ज़-ओ-शाँ[2] के लिए
कि साथ औज[3] के पस्ती[4] है आस्माँ के लिए

1 ठहराव 2 मान और शान की ऊँचाई 3 ऊँचाई 4 पतन

चले हैं दैर[1] को मुद्दत में ख़ानक़ाह[2] से हम
शिकस्त-ए-तौबा[3] लिए अर्मुग़ाँ[4] मुग़ाँ[5] के लिए

1 मन्दिर 2 तपस्वियों का स्थान 3 शराब पीने का प्रण तोड़ना 4 भेंट
5 शराब पिलाने वाले लड़के

हजर[1] के चूमने ही पर है हज्ज-ए-का'बा अगर
तो बोसे हम ने भी उस संग-ए-आस्ताँ[2] के लिए

1 पत्थर 2 चौखट का पत्थर

न छोड़ तू किसी आ'लम[1] में रास्ती[2] कि ये शय[3]
अ'सा[4] है पीर[5] को और सैफ़[6] है जवाँ के लिए

1 हाल 2 सीधा रास्ता, नेकी 3 चीज़ 4 लाठी 5 बूढ़ा 6 तल्वार

इलाही[1] कान में क्या उस सनम[2] ने फूँक दिया
कि हाथ धरते हैं कानों प सब अज़ाँ के लिए

1 या ख़ुदा 2 मूर्ति / मा'शूक़

अगर उमीद न हमसाया[1] हो तो ख़ाना-ए-यास[2]
बिहिश्त[3] है हमें आराम-ए-जाविदाँ[4] के लिए

1 पड़ोसी 2 निराशा का घर 3 स्वर्ग 4 अंतहीन आराम

बनाया आदमी को 'ज़ौक़' एक जुज़्व-ए-ज़ई'फ़[1]
और इस ज़ई'फ़ से कुल काम दो-जहाँ[2] के लिए

1 कमज़ोर अंश 2 दोनों लोक

❁

क़ुफ़्ल-ए-सद-ख़ाना-ए-दिल[1] आया जो तू टूट गए
जो तिलिस्मात[2] न टूटे थे कभू टूट गए

1 दिल के घर के सैकड़ों ताले 2 जादू, रहस्य

सैकड़ों कासा-ए-सर[1] दह्र[2] में मानिन्द-ए-हबाब[3]
कभू ऐ चर्ख़[4] बने तुझसे कभू टूट गए

1 सर के प्याले / खोपड़ियाँ 2 संसार 3 बुलबुले की तरह 4 आस्मान

तू जो कहता है कि दे ग़ैर[1] को भी साग़र-ए-मय[2]
हाथ क्या उसके हैं ऐ आइना-रू[3] टूट गए

1 रक़ीब, मा'शूक़ का अन्य आ'शिक़ 2 शराब का प्याला 3 आईने जैसे चेहरे वाला मा'शूक़

दुख़्तर-ए-रज़[1] ने वो अन्दाज़ दिखाए सर-ए-बज़्म[2]
रात यारों के वहाँ ग़ुस्ल[3]-ओ-वज़ू[4] टूट गए

1 अंगूर की बेटी / शराब 2 महफ़िल में 3 नहाया होना 4 नमाज़ के लिए हाथ मुंह धोना

दिल-शिकस्ता[1] ही रहा बा'द-ए-फ़ना[2] भी मैं तो
कि मिरी ख़ाक[3] से बनते ही सुबू[4] टूट गए

1 टूटे दिल वाला 2 मौत के बा'द 3 मिट्टी 4 शराब के मटके

तीर खींचे भी अगर चारा-गरों[1] ने दिल से
तो कभू छूट गए और कभू टूट गए

1 इ'लाज करने वाले

कह ब-तब्दील-ए-क़वाफ़ी[1] ग़ज़ल इक और भी 'ज़ौक़'
देखें किस तर्ह से बिठलाता है तू टूट गए

1 क़ाफ़िये बदल कर

मज़े जो मौत के आ'शिक़ बयाँ कभू[1] करते
मसीह[2]-ओ-ख़िज़्र[3] भी मरने की आरज़ू[4] करते

1 कभी 2,3 पैग़म्बर जो अमर हैं 4 कामना

ग़रज़[1] थी क्या तिरे तीरों को आब-ए-पैकाँ[2] से
मगर ज़ियारत-ए-दिल[3] क्योंकि[4] बे-वज़ू[5] करते

1 मत्लब, काम 2 तीरों की धार / चमक / पानी 3 दर्शन 4 कैसे 5 वज़ू: नमाज़ के लिए हाथ मुंह धोना

अ'जब न था कि ज़माने[1] के इन्क़िलाब[2] से हम
तयम्मुम[3] आब[4] से और ख़ाक से वज़ू करते

1 समय 2 परिवर्तन, क्रांति 3 पानी न हो तो मिट्टी से वज़ू करना 4 पानी

अगर ये जानते चुन चुन के हम को तोड़ेंगे
तो गुल[1] कभी न तमन्ना[2]-ए-रंग-ओ-बू करते

1 फूल 2 लालसा

समझ ये दार-ओ-रसन[1] तार-ओ-सोज़न[2] ऐ मन्सूर
कि चाक[3] पर्दा हक़ीक़त[4] का हैं रफ़ू करते

1 तख़्ता और रस्सी 2 धागा और सुई 3 फटा हुआ 4 सच्चाई

यक़ीं[1] है सुब्ह-ए-क़यामत को भी सुबूही-कश[2]
उठेंगे ख़्वाब से साक़ी सुबू[3]-सुबू करते

1 विश्वास 2 सुब्ह की शराब पीने वाले 3 शराब का घड़ा

सुराग़[1] उ'म्र-ए-गुज़श्ता[2] का कीजिए गर 'ज़ौक़'
तमाम उ'म्र गुज़र जाए जुस्तुजू[3] करते

1 पता 2 बीती ज़िन्दगी 3 तलाश

❁

करे है काम तेग़-ए-यार[1] किस किस आब-दारी[2] से
दिखाती अपनी गुल-कारी[3] है क्या क्या ज़ख़्म-ए-कारी[4] से

1 प्रेमिका की तल्वार 2 तेज़ धार 3 फूल काढ़ना / खिलाना 4 गहरा ज़ख़्म

ज़बाँ खोलेंगे मुझ पर बद-ज़बाँ क्या बद-शिआ'री[2] से
कि मैं ने ख़ाक[3] भर दी उन के मुंह में ख़ाकसारी[4] से

1 बुरी बातें करने वाले 2 दुष्टता 3 मिट्टी 4 नम्रता

गुज़रती है मजे में ज़िन्दगी ग़फ़्लत-शिआ'री[1] से
मिरे नज़्दीक[2] बे-होशी है बेहतर[3] होश्यारी से

1 बेसुध रहना 2 लिए 3 जियादा अच्छी

जो पूछे ज़ाहिद[1]-ए-ख़ुश्क[2] अपनी दारू[3], मैं कहूँ मय[4] पी
अगर पर्हेज़[5] की पूछे कहूँ पर्हेज़-गारी[6] से

1 धर्म परायण व्यक्ति 2 नीरस 3 दवा 4 शराब 5 किसी काम से बचना 6 बुरे कामों से बचना

क़फ़स[1] को ले उड़ें सय्याद[2] असीर-ए-मुज़्तरिब[3] तेरे
ख़बर गुल की सुनें उड़ती सी गर बाद-ए-बहारी[4] से

1 पिंजरा 2 शिकारी 3 बेचैन क़ैदी 4 बहार की हवा

नहीं आता न आए रह्म[1] ऐ 'ज़ौक़' उस सितम-गर[2] को
बला से ख़ुश तो हो जाता है मेरी आह-ओ-ज़ारी[3] से

1 दया 2 अत्याचारी 3 रोना चिल्लाना

❁

निगह का वार था दिल पर फड़कने जान लगी
चली थी बर्छी किसी पर किसी के आन[1] लगी

1 आ कर

तिरा ज़बाँ[1] से मिलाना ज़बाँ जो याद आया
न हाय हाय में तालू से फिर ज़बान लगी

1 ज़बान, जीभ

किसी के दिल का सुनो हाल दिल लगा कर तुम
जो होवे दिल को तुम्हारे भी मेह्‌रबान लगी

तू वो है माह-जबीं[1] मिस्ल-ए-दीदा-ए-अन्जुम[2]
रहे है तेरी तरफ़ चश्म-ए-यक-जहान[3] लगी

1 चाँद जैसे माथे वाला मा'शूक़ 2 सितारों की आँखों की तरह 3 सारी दुनिया की आँखें

ख़ुदा करे कहे तुझ से ये कुछ ख़ुदा-लगती[1]
कि ज़ुल्फ़ ऐ बुत-ए-बद-कैश[2] तेरे कान लगी

1 सच्ची बात 2 बुरे स्वभाव वाला मा'शूक़

उड़ाई हिर्स[1] ने आ कर जहाँ में सब की ख़ाक
नहीं है किस को हवा ज़ेर-ए-आस्मान[2] लगी

1 लालच 2 आस्मान के नीचे, संसार में

किसी की काविश-ए-मिज़्गाँ[1] से आज सारी रात
नहीं पलक से पलक मेरी एक आन[2] लगी

1 पलकों का चलना 2 पल

तबाह बहर-ए-जहाँ[1] में थी अपनी कश्ती-ए-उ'म्र
सो टूट-फूट के बारे[2] किनारे आन लगी

1 संसार रूपी समुद्र 2 अंत में

तुम्हारे हाथ से सीने में दिल से ता-ब[1]-जिगर
सिनान[2]-ओ-ख़न्जर[3]-ओ-पैकाँ[4] की है दुकान लगी

1 तक 2 बर्छी 3 छुरा 4 तीर

ख़दन्ग[1]-ए-यार मिरे दिल से किस तरह निकले
कि उस के साथ है ऐ 'ज़ौक़' मेरी जान लगी

1 तीर

हालत नशे में देखना उस बेहिजाब[1] की
हर नाज़[2] से टपकती है मस्ती शराब की
1 बेशर्म, बेपर्दा 2 अदा, अन्दाज़

कूचे[1] में आ पड़े थे तिरे ख़ाक हो के हम
याँ तो सबा[2] ने और भी मिट्टी ख़राब की
1 गली 2 अच्छी हवा

क़ासिद[1] जवाब जान मिरी दे चुकी मुझे
पर मुन्तज़िर[2] है आँखों में ख़त के जवाब की
1 संदेश वाहक 2 प्रतीक्षारत

निकले हो मयकदे[1] से अभी मुंह छुपा के तुम
दाबे हुए बग़ल में सुराही शराब की
1 शराबख़ाना

ऐ 'ज़ौक़' बस न आपको सूफ़ी जताइए
मा'लूम[1] है हक़ीक़त-ए-हू-हक़[2] जनाब की
1 ज्ञात 2 ख़ुदा को याद करने की सच्चाई

❋

उस संग-ए-आस्ताँ[1] प जबीन-ए-नियाज़[2] है
वो अपनी जा-नमाज़[3] है और ये नमाज़ है

1 चौखट का पत्थर 2 भक्ति भाव से भरा माथा 3 जिस पर नमाज़ पढ़ी जाती है

ना-साज़[1] है जो हम से उसी से ये साज़[2] है
क्या ख़ूब दिल है वाह हमें जिस प नाज़[3] है

1 बिगड़ा हुआ 2 मेल-जोल 3 अभिमान

पहुँचा है शब कमन्द[1] लगा कर वहाँ रक़ीब[2]
सच है हराम-ज़ादे की रस्सी दराज़[3] है

1 दीवार पर चढ़ने के लिए फेंकी गई रस्सी 2 मा'शूक़ का अन्य आ'शिक़ 3 लम्बी

उस बुत[1] प गर ख़ुदा भी हो आ'शिक़ तो आए रश्क[2]
हर-चन्द[3] जानता हूँ कि वो पाक-बाज़[4] है

1 मूर्ति / मा'शूक़ 2 ईर्ष्या 3 यद्दपि 4 पवित्र

मद्दाह[1]-ए-ख़ाल[2]-ए-रू-ए-बुताँ[3] हूँ मुझे ख़ुदा
बख़्शे तो क्या अ'जब कि वो नुक्ता-नवाज़ है

1 प्रशंसक 2 तिल 3 मा'शूक़ का चेहरा 4 अच्छे काम का प्रशंसक

डरता हूँ ख़न्जर उसका न बह जाए हो के आब[1]
मेरे गले में नाला-ए-आहन-गुदाज़[2] है

1 पानी 2 लोहा पिघलाने वाली फ़र्याद

दरवाज़ा मय-कदे[1] का न कर बन्द मोहतसिब[2]
ज़ालिम ख़ुदा से डर कि दर[3]-ए-तौबा[4] बाज़[5] है

1 शराब ख़ाना 2 धर्म अधिकारी 3 दरवाज़ा 4 कोई काम न करने का प्रण
5 खुला हुआ

ख़ाना-ख़राबियाँ[1] दिल-ए-बीमार-ए-ग़म की देख
वो ही दवा ख़राब है जो ख़ाना-साज़[2] है

1 बर्बादी 2 घर में बना हुआ

आह-ओ-फ़ुग़ाँ[1] न कर जो खुले 'ज़ौक़' दिल का हाल
हर नाला[2] इक कलीद-ए-दर-ए-गन्ज-ए-राज़[3] है

1 रोना धोना 2 फ़र्याद 3 रहस्यों के खज़ाने के दरवाज़े की कुन्जी

❁

वही है एक सब में देख लो चश्म-ए-हक़ीक़त[1] से
बिना[2] वहदत[3] की क्यों तोड़ेगा मुल्ला जम-ए'-कसरत[4] से
1 सच्चाई की आँख 2 बुनयाद 3 एकत्व 4 विविधता को मिलाना

दम[1]-ए-तक्बीर[2] उठाए दो जहाँ से हाथ यक बारी
नमाज़ें इ'श्क़ की हम ने अदा कीं हुस्न-ए-निय्यत[3] से
1 समय 2 नमाज़ में 'अल्लाह-ओ-अकबर' कहना 3 अच्छा इरादा

अगर पूछे कोई मुझ से कि क्यों नालाँ[1] है मैं कह दूँ
मोहब्बत से मोहब्बत से मोहब्बत से मोहब्बत से
1 फ़र्याद / शिकायत करता हुआ

नमक को मुश्क[1] को या सूदा-ए-अल्मास[2] को छिड़को
जराहत[3] को मिरे क्या काम है संग-ए-जराहत[4] से
1 कस्तूरी 2 हीरे का चूरा 3 ज़ख़्म 4 एक पत्थर जो घाव भरने के काम आता है

हरीसों[1] को नहीं जा[2] वुस्अ'त-आबाद-ए-क़नाअ'त[3] में
जो खींचे हाथ को वो पाँव फैलाए क़नाअ'त से
1 लालची लोग 2 जगह 3 संतुष्टि का फैला संसार

हुई हर्फ़ों[1] में गो[2] यक[3] नुक़्ता[4] रहमत[5] से सिवा ज़हमत[6]
मगर आ'दाद[7] में ज़हमत कहीं कमतर है रहमत से
1 अक्षरों 2 यद्दपि 3 एक 4 बिंदु 6 कृपा 6 कष्ट 7 संख्याएँ

ज़बान-ए-रेख़्ता भी की ज़बान-ए-पारसी[1] उसने
मोहब्बत 'ज़ौक़' को अज़-बस[2] कि है शाह-ए-विलायत[3] से
1 फ़ारसी 2 बहुत अधिक 3 बादशाह

❁

जो उस गली में मिस्ल-ए-सबा[1] आए जाए है
फ़िर्दौस[2] में कब उसको तमन्ना-ए-जाए है

1 अच्छी हवा की तरह 2 स्वर्ग 3 जगह पाने की कामना

कहते हैं लोग मौत तो सब जाए-जाए[1] है
पर मेरे पास उसे भी कोई खाए जाए है

1 जगह जगह

टूटा है किस पतंग[1] का बाज़ू[2] कि शअ'-ए-बज़्म[3]
यूँ रौग़न[4] अश्क-ए-गर्म[5] से टपकाए जाए है

1 पतंगा / पर्वाना 2 हाथ 3 महफ़िल 4 तेल 5 गर्म आँसू

लिखवा के भेज देवे है पर्चा वो गाह-गाह[1]
दिल को ज़रा हमारे वो पर्चाए[2] जाए है

1 समय समय पर 2 डोरे डालना, रिझाना

सौ कोस क्या न जा सके मज्नूँ तो दो क़दम
पर शौक़-ए-मुद्दआ'[1] है कि दौड़ाए जाए है

1 मक़्सद हासिल करने की चाहत

जब तक कि जान तन से निकल जाएगी न 'ज़ौक़'
दिल में जो दर्द है सो कोई वाए[1] जाए है

1 अफ़्सोस

जो कुछ कि है दुनिया में वो इन्साँ के लिए है
आरास्ता[1] ये घर इसी मेहमाँ के लिए है

1 सजा हुआ

अपनों से न मिल अपने हैं सब अपनों के दुश्मन
हर नय[1] में भरी आग नियस्ताँ[2] के लिए है

1 बाँसुरी 2 नर्कुल (जिससे बाँसुरी बनती है) का जंगल

कुछ बख़्त[1] से मेरे जो सिवा[2] है वो सियाही[3]
बाक़ी है तो मेरी शब-ए-हिज्राँ[4] के लिए है

1 भाग्य 2 अधिक 3 अंधेरा, रौशनाई 4 विरह की रात

दीवाना हूँ मैं भी वो तमाशा कि मिरा ज़िक्र[1]
गोया[2] सबक़[3] अत्फ़ाल-ए-दबिस्ताँ[4] के लिए है

1 चर्चा 2 जैसे 3 पाठ 4 पाठशाला के बच्चे

है बादा-कशों[1] के लिए इक ग़ैब[2] की ताईद[3]
ज़ाहिद[4] जो दुआ' माँगता बाराँ[5] के लिए है

1 शराब पीने वाले 2 ईश्वर 3 स्वीकृति 4 धर्म परायण व्यक्ति 5 बरसात

निकले कोइ क्या क़ैद-ए-अ'लाइक़[1] से कि ऐ 'ज़ौक़'
दर[2] ही नहीं इस ख़ाना[3]-ए-ज़िन्दाँ[4] के लिए है

1 संबंधों की क़ैद 2 दरवाज़ा 3 घर 4 क़ैद ख़ाना

अव्वल[1] ही से बशर[2] को है रग़बत[3] ख़िलाफ़[4] से
लेता है काम मुंह का शिकम[5] में ये नाफ़[6] से

1 आरंभ 2 आदमी 3 आकर्षण 4 विरोधी चीज़ / बात 5 पेट 6 नाभि

फेंके है एक जुम्बिश-ए-मिज़्गाँ[1] में वो परी
इस अपने नातवाँ[2] को परे कोह-ए-क़ाफ़[3] से

1 पलकें चलाना 2 कमज़ोर / आशिक़ 3 एक पहाड़ जहाँ कहा जाता है परियाँ रहती हैं

चल शेख़[1] मयकदे में बसर[2] कर मह-ए-सियाम[3]
मस्जिद में तंग बैठा है क्यों ए'तिकाफ़[4] से

1 धर्म गुरू 2 व्यतीत करना 3 रमज़ान का महीना 4 एकांत में इ'बादत करना

मज्नूँ सियाह[1] ख़ेमा-ए-लैला के गिर्द[2] फिर
हक़[3] में तिरे है का'बे के बेहतर[4] तवाफ़[5] से

1 काला 2 चारों ओर 3 लिए 4 ज़ियादा अच्छा 5 परिक्रमा

लिखता है शेख़ मस्अला[1]-ए-वहदतुल-वजूद[2]
लेकिन दुई[3] अ'याँ[4] है क़लम के शिगाफ़[5] से

1 सिंद्धाँत 2 अस्तित्व का एकत्व 3 द्वैत 4 प्रकट 5 दरार

गुलहा-ए-रंग-रंग[1] से है रौनक़-ए-चमन[2]
ऐ 'ज़ौक़' इस जहाँ को है ज़ेब[3] इख़्तिलाफ़[4] से

1 तरह तरह के फूल 2 बाग़ की शोभा 3 शोभा, सजावट 4 विभिन्नता

❁

ज़मीं प नूर-ए-क़मर[1] के गिरने से साफ़ इज़्हार[2]-ए-रौशनी है
कि हैं जो रौशन-ज़मीर[3] उनका फ़रोग़[4] उनकी फ़रोतनी[5] है

1 चाँद की रौशनी 2 प्रकट होना 3 ज्ञानी 4 उन्नति 5 विनम्रता

ग़म-ए-जुदाई[1] में तेरी ज़ालिम कहूँ मैं क्या मुझ प क्या बनी है
जिगर-गुदाज़ी[2] है सीना-कावी[3] है दिल-ख़राशी[4] है जाँ-कनी[5] है

1 विरह का दुख 2 दिल का पिघलना 3 कड़ी मेहनत 4 दिल का ज़ख़्मी होना 5 जान निकलना

कोई है काफ़िर कोई मुसलमाँ जुदा[1] हर इक की है राह-ए-ईमाँ[2]
जो इसके नज़्दीक रहबरी[3] है वो उसके नज़्दीक रहज़नी[4] है

1 अलग 2 आस्था 3 राह दिखाना 4 लूटना

हुए हैं तर गिर्या-ए-नदामत[1] से इक क़दर आस्तीन-ओ-दामन
कि मेरी तर-दामनी[2] के आगे अ'रक़-अ'रक़[3] पाक-दामनी[4] है

1 पश्चाताप में रोना 2 कपड़ों का शराब में तर होना 3 पसीना-पसीना, लज्जित 4 पवित्रता

तकल्लुफ़-ए-मन्ज़िल-ए-मोहब्बत[1] न कर, चला चल तू बे-तकल्लुफ़[2]
कि जा-ब-जा[3] ख़ार-ज़ार-ए-वहशत[4] से ज़ेर-ए-पा[5] फ़र्श सोज़नी[6] है

1 मोहब्बत में कामयाबी की कोशिश 2 बेरोक 3 जगह-जगह 4 दीवानगी के काँटों का जंगल 5 पाँव तले 6 जलती हुई ज़मीन

ख़दन्ग-ए-मिज़्गाँ[1] से 'ज़ौक़' उसके दिल अपना सीना-सिपर[2] है जब से
मिसाल-ए-आइना[3] सख़्त-जानी[4] से सीना दीवार-ए-आहनी[5] है

1 पलकों के तीर 2 डटा होना 3 आइने की तरह 4 कठिन परिश्रम करना 5 लोहे की दीवार

❃

हम हैं और शग़ल[1]-ए-इ'श्क़-बाज़ी है
क्या हक़ीक़ी[2] है क्या मजाज़ी[3] है

1 काम 2 अलौकिक 3 लौकिक

दुख़्तर-ए-रज़[1] निकल के मीना[2] से
करती क्या क्या ज़बाँ-दराज़ी[3] है

1 अंगूर की बेटी / शराब 2 शराब की सुराही 3 ज़बान चलाना, बुरा बोलना

हिन्दू-ए-चश्म[1] ताक़-ए-अब्रू[2] में
क्या बना आन कर नमाज़ी है

1 आखों का काला बिंदु / तिल 2 भौं

नज़्र[1] दें नफ़्स-कुश[2] को दुनियादार
वाह क्या तेरी बेनियाज़ी[3] है

1 भेंट 2 आत्म-संयमी 3 निर्लिप्तता

बुत-ए-तन्नाज़[1] हम से हो नासाज़[3]
कारसाज़ों[3] की कारसाज़ी[4] है

1 बहुत अदाओं वाला मा'शूक़ 2 नाराज़, बिगड़ा हुआ 3 काम बनाने वाले 4 काम बनाना

सच कहा है किसी ने ये एक 'ज़ौक़'
माल-ए-मूज़ी[1] नसीब-ए-ग़ाज़ी[2] है

1 अत्याचारी 2 जीतने वाले का भाग्य

❀

क्या ग़रज़[1] लाख ख़ुदाई में हों दौलत वाले
उनका बन्दा हूँ जो बन्दे हैं मोहब्बत वाले

1 मत्लब

किस मरज़[1] की हैं दवा ये लब-ए-जाँ-बख़्श[2] तिरे
जाँ-ब-लब[3] हैं तिरे आज़ार[4]-ए-मोहब्बत वाले

1 रोग 2 जीवन-दान देने वाले होंठ 3 मरने के क़रीब 4 रोग

हाय रे हसरत-ए-दीदार[1] मिरी हाय को भी
लिखते हैं हा-ए-दो-चश्मी[2] से किताबत[3] वाले

1 दर्शन की कामना 2 उर्दू वर्णमाला का एक अक्षर 3 लिखना

न शिकायत है करम[1] की न सितम[2] की ख़्वाहिश[3]
देख तो हम भी हैं क्या सब्र-ओ-क़नाअ'त[4] वाले

1 कृपा, दया 2 अत्याचार 3 इच्छा 4 धैर्य और संतोष

दिल से कुछ कहता हूँ मैं मुझसे है कुछ कहता दिल
दोनों इक हाल में हैं रन्ज[1]-ओ-मुसीबत वाले

1 दुख

तू मिरे हाल से ग़ाफ़िल[1] है पर ऐ ग़फ़्लत-कैश[2]
तेरे अन्दाज़-ए-तग़ाफ़ुल[3] नहीं ग़फ़्लत वाले

1 भूला हुआ 2 जिसे भुलाने की आ'दत हो 3 अनदेखा करना

हम ने देखा है जो उस बुत में नहीं कह सकते
कि मुबादा[1] कहीं सुन पाएँ शरीअ'त[2] वाले

1 कहीं ऐसा न हो 2 इस्लामी क़ानून

हिर्स[1] के फैलते हैं पाँव ब-क़दर-वुस्अ'त[2]
तंग ही रहते हैं दुनिया में फ़राग़त[3] वाले

1 लालच 2 जितना फैल सकें 2 आत्म-संतुष्टि

नहीं जुज़[1] शम्अ' मुजाविर[2] मिरी बालीन-ए-मज़ार[3]
नहीं जुज़ कस्रत-ए-पर्वाना[4] ज़ियारत[5] वाले

1 के अतिरिक्त 2 क़ब्र का सेवादार 3 क़ब्र का सरहाना 4 पर्वानों की अधिकता 5 दर्शन

कभी अफ़्सोस[1] है आता कभी रोना आता
दिल-ए-बीमार के हैं दो ही अ'यादत[2] वाले

1 दुख 2 बीमार का हाल पूछने आना

नाज़[1] है गुल[2] को नज़ाकत[3] प चमन में ऐ 'ज़ौक़'
उसने देखे हैं कहाँ नाज़[4]-ओ-नज़ाकत वाले

1 अभिमान 2 फूल 3 कोमलता 4 अदा

❁

लाई हयात[1] आए क़ज़ा[2] ले चली चले
अपनी ख़ुशी न आए न अपनी ख़ुशी चले

1 ज़िन्दगी 2 मौत

हो उ'म्र-ए-ख़िज़्र[1] भी तो हो मा'लूम वक़्त-ए-मर्ग[2]
हम क्या रहे यहाँ अभी आए अभी चले

1 एक पैग़म्बर जो अमर हैं 2 मरते समय

हम से भी इस बिसात[1] प कम होंगे बद-क़िमार[2]
जो चाल हम चले सो निहायत[3] बुरी चले

1 जुवा खेलने की चादर 2 बुरे जुवारी 3 बहत अधिक

बेहतर तो है यही कि न दुनिया से दिल लगे
पर क्या करें जो काम न बे-दिल-लगी चले

दुनिया ने किस का राह-ए-फ़ना[1] में दिया है साथ
तुम भी चले चलो यूँ ही जब तक चली चले

1 नश्वरता की राह

जाते हवा-ए-शौक़[1] में हैं इस चमन से 'ज़ौक़'
अपनी बला से बाद-ए-सबा[2] अब कभी चले

1 मोहब्बत की हवा 2 अच्छी हवा

❁

ख़ूब रोका शिकायतों से मुझे
तू ने मारा इ'नायतों[1] से मुझे

1 कृपाएँ

वाजिब-उल-क़त्ल[1] उस ने ठहराया
आयतों[2] से रिवायतों[3] से मुझे

1 क़त्ल के लाइक़ 2 क़ुरान की आयतें 3 परंपराओं

वो सरीहन[1] तो कह नहीं सकते
कहते हैं कुछ किनायतों[2] से मुझे

1 खुल कर 2 इशारों

क्या ग़ज़ब है कि दोस्त तू समझे
दुश्मनों की रिआ'यतों[1] से मुझे

1 अनुकूलता

दम-ए-गिर्या[1] कमी न कर ऐ चश्म[2]
शौक़ कम है किफ़ायतों[3] से मुझे

1 रोते समय 2 आँख 3 बचत करना

ये भी तक़्दीर का लिखा कि लिखें
ख़त वो किन किन किनायतों से मुझे

ले गई इ'श्क़ की हिदायत[1] 'ज़ौक़'
उन कने[2] सब निहायतों[3] से मुझे

1 पर्थ प्रदर्शन, निर्देश 2 पास 3 सीमाएँ

❁

दुश्नाम[1] हो के वो तुरुश-अब्रू[2] हज़ार दे
याँ वो नशा नहीं जिसे तुर्शी[3] उतार दे

1 गाली 2 तीखे स्वभाव वाला 3 खटास

इ'श्क़ उस परी का है वो बला जाए ले के जाँ
ये जिन[1] नहीं है जिसको सियाना[2] उतार दे

1 प्रेत 2 ज्ञानी

ऐ शम्अ' तेरी उ'म्र-ए-तबीई'[1] है एक रात
हँस कर गुज़ार या इसे रो कर गुज़ार दे

1 प्रकृति प्रदत्त जीवन

करता है आह यूँ दिल-ए-उम्मीदवार-ए-वस्ल[1]
जैसे अज़ाँ बुलन्द[2] कोई रोज़ादार[3] दे

1 मिलन का इच्छुक दिल 2 ऊँचा / ऊँची 3 रोज़ा रखने वाला

ने रह्म[1] है न पास[2]-ए-मोहब्बत न मुन्सिफ़ी[3]
फिर जान किस उमीद प ये जाँ-निसार[4] दे

1 दया 2 लिहाज़ 3 न्याय 4 जान निछावर करने वाला

ग़म यार का रहेगा मिरे साथ ता-अ'दम[1]
सच है कि साथ यार का क्यों कर न यार दे

1 नौत तक

इस जब्र[1] पर तो 'ज़ौक़' बशर[2] का ये हाल है
क्या जाने क्या करे जो ख़ुदा इख़्तियार[3] दे

1 मज्बूरी 3 आदमी 4 अधिकार

❈

मुझसे कुछ पूछो न ख़ूँ-नाबा-ए-हसरत[1] के मज़े
ज़हर के घूँट हैं पर रखते हैं शर्बत के मज़े

1 कामनाओं का ख़ून

बे-मोहब्बत नहीं ऐ 'ज़ौक़' शिकायत के मज़े
बे-शिकायत नहीं ऐ 'ज़ौक़' मोहब्बत के मज़े

लगती मिर्चें सी कबाबों को हैं सुन कर क्या क्या
दिल-ए-बिर्यां[1] से मिरे सोज़-ए-मोहब्बत[2] के मज़े

1 भुना हुआ दिल 2 मोहब्बत की गर्मी

सज्दे[1] में पा-ए-ख़ुम-ए-मय[2] प हैं किस लुत्फ़ से मस्त
यूँ इ'बादत हो तो ज़ाहिद[3] हैं इ'बादत के मज़े

1 सर झुकाना 2 शराब के मटके का पेंदा 3 धर्म परायण व्यक्ति

जान-ए-शीरीं[1] भी गई और न मिली शीरीं[2] भी
पूछो फ़र्हाद से इस तल्ख़िए-ए-हसरत[3] के मज़े

1 मीठी जान 2 फ़र्हाद की प्रेमिका 3 कामनाओं की कड़ुवाहट

कुछ जताऊँ जो मोहब्बत तो कहे है कि तुझे
देख तो कैसे चखाता हूँ मोहब्बत के मज़े

दिल को क्या चाट लगा दी है तिरे ख़न्जर[1] ने
चाटता होंठ है ले ले के जराहत[2] के मज़े

1 छुरी 2 चोट, घाव

नहीं जुज़[1] बेमज़गी[2] कोई मज़ा दुनिया में
पर मजे़दार बना देते हैं ग़फ़्लत[3] के मज़े
1 के अतिरिक्त 2 बे-मज़ा होना 3 बेसुध होना

ज़ाइक़ा[1] चाश्नी[2]-ए-इ'श्क़ का गर[3] होवे तो दें
शादी-ए-वस्ल[4] की लज़्ज़त[5] ग़म-ए-फ़ुर्क़त[6] के मज़े
1 स्वाद 2 मिठास 3 अगर 4 मिलन की ख़ुशी 5 मज़ा 6 विरह का दुख

अब्र-ए-बाराँ[1] का न क्यों लुत्फ़ उठाएँ मयख़्वार[2]
कि उड़ाते हैं गुनहगार ही रहमत[3] के मज़े
1 बरसात का बादल 2 शराब पीने वाला 3 ईश्वर कृपा

फिर फटा ज़ख़्म का अंगूर मुबारक ऐ 'ज़ौक़'
दिल-ए-ज़ख़्मी को तिरे बादा-ए-इ'शरत[1] के मज़े
1 ख़ुशी की शराब

क्या मद्द-ए-नज़र[1] तुम को है यारों से तो कहिए
गर मुंह से नहीं कहिए इशारों से तो कहिए

1 ध्यान में

हाल-ए-दिल-ए-बेताब कहा जाए जो कुछ भी
गर कहिए न लाखों से हज़ारों से तो कहिए

मौक़ूफ़[1] है गर दिल का शिकार आन-ओ-अदा पर
तो पहले कुछ उन मीर-शिकारों[2] से तो कहिए

1 निर्भर 2 शिकारों की देखभाल करने वाला

फिर क़ुम[1] न कहें हज़रत-ए-ई'सा अगर उनसे
कहिए कि ये क़ुम इ'श्क़ के मारों से तो कहिए

1 उठ जा कह कर ई'सा का मुर्दों को जिलाना

इन दाँतों से, क्या मोतियों को, कहते हो, हम-ताब[1]
मोती है ये क्या माल सितारों से तो कहिए

1 एक जैसी चमक वाला

ऐ 'ज़ौक़' तुनुक-ज़र्फ़[1] से कहिए न कोई बात
कह कर उसे सुनना हो हज़ारों से तो कहिए

1 छिछोरा, पेट का हल्का

❁

ये इक़ामत[1] हमें पैग़ाम-ए-सफ़र[2] देती है
ज़िन्दगी मौत के आने की ख़बर देती है
1 ठहरना 2 चलने का संदेश

ज़ाल-ए-दुनिया[1] है अ'जब तरह की अल्लामा-ए-दहर[2]
मर्द-ए-दीं-दार[3] को भी दहरिया[4] कर देती है
1 दुनिया रूपी बूढ़ी औ'रत 2 बड़ा ज्ञानी 3 धर्मिक व्यक्ति 4 नास्तिक

बढ़ती जाती है जो मश्क़-ए-सितम[1] उस ज़ालिम की
कुछ मोहब्बत मिरी इस्लाह[2] मगर देती है
1 अत्याचार का अभ्यास 2 ठीक करना

शम्अ' घबरा न शब-ए-ग़म से कि कोई दम[1] में
तुझ को काफ़ूर सफ़ेदी-ए-सहर[2] देती है
1 पल 2 सुब्ह की सफ़ेदी

ग़ुन्चा[1] हँसता है तिरे आगे जो गुस्ताख़ी[2] से
चटख़ना मुँह प वहीं बाद-ए-सहर[3] देती है
1 कली 2 धृष्टता 3 सुब्ह की हवा

शम्अ' भी कम नहीं कुछ इ'श्क़ में पर्वाने से
जान देता है अगर वो तो ये सर देती है

कोई ग़म्माज़[1] नहीं मेरी तरफ़ से ऐ 'ज़ौक़'
कान उस के मिरी फ़र्याद ही भर देती है
1 लगाई बुझाई करने वाला

❁

दिल बचे क्योंकर निगाह-दिलबरान-ए-शंग[1] से
अपना घर तो सूझता है सैकड़ों फ़र्संग[2] से
1 चंचल प्रेमिकाओं की नज़र 2 मील

छुप के बैठेगा कहाँ तू हम से ऐ रंगीं-नवा[1]
होगा तू जिस रंग में मिल जाएँगे उस रंग से
1 अच्छी आवाज़ वाला

जोश-ए-गिर्या[1] से रही बरसात बरसों, पर कभी
उस की तेग़-ए-तेज़[2] आलूदा[3] न देखी ज़ंग से
1 बहुत रोना 2 तेज़ धार की तल्वार 3 लिप्त

मेरे गिर्ये[1] के असर से हो गए पत्थर भी आब[2]
झड़ते हैं जा-ए-शरर[3] पानी के क़त्रे[4] संग[5] से
1 रोना 2 पानी 3 चिंगारी की जगह 4 बूँदे 5 पत्थर

पहले ये निय्यत[1] वज़ू की है नमाज़-ए-इ'श्क़ में
दिल से कह दीजे कि धोवे हाथ नाम-ओ-नंग[2] से
1 इरादा 2 नाम और मान-सम्मान

'ज़ौक़' ज़ेबा[1] है जो हो रीश-ए-सफ़ेद-ए-शेख़[2] पर
वस्मा[3] आब-ए-बंग[4] से मेंहदी मय-ए-गुल-रंग[5] से
1 शोभा देना 2 धर्मगुरू की सफ़ेद दाढ़ी 3 ख़िज़ाब 4 भाँग का पानी
5 लाल शराब

अब तो घबरा के ये कहते हैं कि मर जाएँगे
मर के भी चैन न पाया तो किधर जाएँगे

तुम ने ठहराई अगर ग़ैर[1] के घर जाने की
तो इरादे यहाँ कुछ और ठहर जाएँगे

1 रक़ीब / मा'शूक़ का अन्य आ'शिक़

ख़ाली ऐ चारागरो[1] होंगे बहुत मर्हम-दाँ[2]
पर मिरे ज़ख़्म नहीं ऐसे कि भर जाएँगे

1 चिकित्सको 2 मर्हम रखने का प्याला

हम नहीं वो जो करें ख़ून का दा'वा तुझ पर
बल्कि पूछेगा ख़ुदा भी तो मुकर जाएँगे

नहीं पाएगा निशाँ कोई हमारा हर्गिज़
हम जहाँ[1] से रविश-ए-तीर-ए-नज़र[1] जाएँगे

1 दुनिया 2 नज़र के तीर की तरह

'ज़ौक़' जो मदरसे के बिगड़े हुए हैं मुल्ला
उन को मय-ख़ाने[1] में ले आओ सँवर जाएँगे

1 शराब ख़ाना

न होंगे हम क़ाइल-ए-क़यामत[1] जो तेरा क़ामत[2] न देख लेंगे
रहेंगे रूयत[3] के बल्कि मुन्किर[4] जो तेरी सूरत न देख लेंगे

1 प्रलय को मानने वाला 2 क़द 3 दर्शन 4 न मानने वाला

हमें ग़रज़[1] क्या कि जाएँगे हम हरम[2] को ऐ शेख़ बुतकदे[3] से
यहीं बुतों में ख़ुदा का अपने जहूर[4]-ए-क़ुदरत[5] न देख लेंगे

1 मत्लब 2 मस्जिद 3 मूर्ति घर्र, मंदिर 4 प्रकट होना 5 लीला, ईश्वर शक्ति

न देख ली कैसी कैसी आफ़त[1] जहाँ में हम ने तुम्हारे बाइ'स[2]
और आगे क्या क्या ग़म-ओ-अलम[3] हम तुम्हारी दौलत[4] न देख लेंगे

1 विपत्ति 2 कारण 3 दुख 4 कारण से

दिखाना अहवाल[1] उनको अपना ये अपनी उल्फ़त[2] का इम्तिहाँ[3] है
कि होगी उल्फ़त तो देख लेंगे न होगी उल्फ़त न देख लेंगे

1 हाल 2 प्रेम 3 परीक्षा

मुझे यक़ीं है नहीं दिखाएँगे अपने रुख़्सार-ए-लाला-गूँ[1] को
रवाँ[2] मिरी चश्म-ए-तर[3] से जब तक वो ख़ून-ए-हसरत न देख लेंगे

1 लाल गाल 2 बहता हुआ 3 भीगी आँख

ये लोग ना-वाक़िफ़[1]-ए-मोहब्बत न होंगे वाक़िफ़[2] तप-ए-दरूँ[3] से
कि जब तलक मिस्ल-ए-बर्क़[4] रग रग में मेरी सुरअ'त[5] न देख लेंगे

1 न जानने वाला 2 जानना 3 अन्दर की आग 4 बिजली की तरह 5 तेज़ी

ख़त उनको दे भी दिया जो क़ासिद[1] ने 'ज़ौक़' दे कर किसी का धोका
वो ख़त न पहचान लेंगे तेरा तिरी इ'बारत[2] न देख लेंगे

1 पत्र वाहक 2 लिखावट

आते ही तू ने, घर के फिर जाने की सुनाई
रह जाऊँ सुन न क्यों कर ये तो बुरी सुनाई

मज्नूँ-ओ-कोहकन[1] के सुनते थे यार क़िस्से
जब तक कहानी हम ने अपनी न थी सुनाई

1 फ़र्हाद

शिक्वा[1] किया जो हम ने गाली का आज उस से
शिक्वे के साथ उस ने इक और भी सुनाई

1 शिकायत

कुछ कह रहा है नासेह[1] क्या जाने क्या कहेगा
देता नहीं मुझे तो ऐ बे-ख़ुदी[2] सुनाई

1 उपदेशक 2 बेसुध होना

कहने न पाए उस से सारी हक़ीक़त[1] इक दिन
आधी कभी सुनाई आधी कभी सुनाई

1 सच्चाई

सूरत दिखाए अपनी देखें वो किस तरह से
आवाज़ भी न हम को जिस ने कभी सुनाई

क़ीमत में जिन्स-ए-दिल[1] की माँगा जो 'ज़ौक़' बोसा[3]
क्या क्या न उस ने हम को खोटी-खरी सुनाई

1 दिल का सामान 2 चुंबन

दिल की मआ'श[1] ग़म उसे ग़म की तलाश है
डरता हूँ दिल से मैं कि बड़ा बद-मआ'श है
1 जीविका

इस बुतकदे में कौन है काफ़िर तिरे सिवा
तू आफी[1] बुत-परस्त[2]-ओ-बुत-ओ-बुत-तराश[3] है
1 आप ही 2 मूर्ति पूजक 3 मूर्तिकार

जो शाद[1] हैं ज़माने के हाथों से हैं ज़ई'फ़[2]
शाबाश जिस को कहते हैं वो शाद-बाश[3] है
1 ख़ुश 2 बूढ़ा, कमज़ोर 3 ख़ुशहाल

लब्रेज़-ए-सद-निशात[1] बरंग-ए-हिलाल-ए-ई'द[2]
सीने में मेरे नाख़ुन-ए-ग़म की ख़राश[3] है
1 बहुत ख़ुशी से भरा हुआ 2 ई'द के चाँद की तरह 3 छिलना

उठ जाए वो जहाँ से तो शायद कि उठ सके
बीमार-ए-इ'श्क़ जो तिरा साहब-फ़राश[1] है
1 बिस्तर पर पड़ा हुआ

ऐ 'ज़ौक़' जानता है वो हमदर्द मेरा दर्द
दिल जिसका पारा-पारा[1] जिगर पाश-पाश[2] है
1, 2 टुकड़े टुकड़े

❀

है कान उसके ज़ुल्फ़-ए-मुअ'म्बर[1] लगी हुई
छोड़ेगी ये न बाल बराबर लगी हुई
1 महके हुए बाल

मय्यत[1] को ग़ुस्ल[2] दीजो न इस ख़ाकसार[3] की
है तन प ख़ाक-ए-कूचा-ए-दिलबर[4] लगी हुई
1 शव 2 नहलाना 3 साधारण व्यक्ति 4 प्रेमिका की गली की धूल

बैठे हैं दिल के बेचने वाले हज़ारहा[1]
गुज़री है उसकी राह-गुज़र पर लगी हुई
1 हज़ारों

ई'सा[1] अगरचे पास है मुम्किन[2] नहीं शिफ़ा[3]
ख़ुर्शीद[4] को वो तप[5] है फ़लक[6] पर लगी हुई
1 जो मुर्दों को जिला देते थे 2 संभव 3 इ'लाज 4 सूरज 5 गर्मी 6 आस्मान

ये चाहता है शौक़[1] कि क़ासिद[2] ब-जा-ए-मुह्र[3]
आँख अपनी हो लिफ़ाफ़ा-ए-ख़त पर लगी हुई
1 चाहत 2 पत्रवाहक 3 मुहर की जगह

ऐ 'ज़ौक़' इतना दुख़्तर-ए-रज़[1] को न मुंह लगा
छुटती नहीं है मुंह से ये काफ़र[2] लगी हुई
1 अंगूर की बेटी / शराब 2 काफ़िर, ईमान लूटने वाला / वाली

ख़त[1] बढ़ा काकुल[2] बढ़े ज़ुल्फ़ें[3] बढ़ीं गेसू[4] बढ़े
हुस्न[5] की सरकार में जितने बढ़े हिन्दू[6] बढ़े

1 दाढ़ी 2, 3, 4 बाल 5 सौंदर्य / मा'शूक़ 6 काले रंग वाला

बा'द रन्जिश[1] के गले मिलते हुए रुकता है जी
अब मुनासिब[2] है यही कुछ मैं बढ़ूँ कुछ तू बढ़े

1 लड़ाई 2 उचित

बढ़ते बढ़ते बढ़ गई वहशत[1] वगर्ना[2] पहले तो
हाथ के नाख़ुन बढ़े सर के हमारे मू[3] बढ़े

1 दीवानगी 2 नहीं तो 3 बाल

कुछ तप-ए-ग़म[1] को घटा क्या फ़ायदा इस से तबीब[2]
रोज़ नुस्ख़े में अगर ख़ुर्फ़ा[3] घटे काहू[4] बढ़े

1 दुख की जलन 2 चिकित्सक 3,4 दवाओं के नाम

पेशवाई[1] को ग़म-ए-जानाँ[2] की चश्म[3]-ए-दिल से 'ज़ौक़'
जब बढ़े नाले[4] तो उस से बेशतर आँसू बढ़े

1 स्वागत 2 मा'शूक़ का दुख 3 आँख 4 फ़र्याद / रोना

❁

कोई कमर को तिरी कुछ जो हो कमर तो कहे
कि आदमी जो कहे बात सोच कर तो कहे

मिरी हक़ीक़त-ए-पुर-दर्द को कभी उस से
ब-आह-ओ-नाला[1] न कहवे ब-चश्म-ए-तर[2] तो कहे
1 आह और फ़र्याद के साथ 2 भीगी आँख के साथ

ये आरज़ू है जहन्नम[1] को भी कि आतिश-ए-इ'श्क़[2]
मुझे न शो'ला गर[3] अपना कहे शरर[4] तो कहे
1 नर्क 2 प्रेम अग्नि 3 अगर 4 चिंगारी

ब-क़द्र-ए-माया[1] नहीं गर हर इक का रुत्बा-ओ-नाम[2]
तो हाँ हबाब[3] को देखें कोई गुहर[4] तो कहे
1 योग्यता अनुसार 2 पद, मान-सम्मान 3 बुलबुला 4 मोती

कहे जो कुछ मुझे नासेह[1], नहीं वो दीवाना
कि जानता है, कहे का हो कुछ असर तो कहे
1 उपदेशक

जल उट्ठे शम्अ' के मानिन्द[1] क़िस्सा-ख़्वाँ[2] की ज़बाँ
हमारा क़िस्सा-ए-पुर-सोज़[3] लहज़ा[4] भर तो कहे
1 की तरह 2 कहानी सुनाने वाला 3 दुख भरा 4 पल

हर एक शे'र में मज़्मून-ए-गिर्या[1] है मेरे
मिरी तरह से कोई 'ज़ौक़' शे'र-ए-तर[2] तो कहे
1 रोने का विषय 2 चमकदार / अर्थपूर्ण शे'र

आँख उस पुर-जफ़ा[1] से लड़ती है
जान कुश्ती क़ज़ा[2] से लड़ती है

1 अत्याचारी 2 मौत

शो'ला भड़के न क्यों कि महफ़िल में
शम्अ' तुझ बिन हवा से लड़ती है

क़िस्मत उस बुत[1] से जा लड़ी अपनी
देखो अहमक़[2] ख़ुदा से लड़ती है

1 मूर्ति / मा'शूक़ 2 मूर्ख

शोर-ए-क़ुलक़ुल[1] ये क्यों है दुख़्तर-ए-रज़[2]
क्या किसी पारसा[3] से लड़ती है

1 बोतल से शराब निकलने की आवाज़ 2 अंगूर की बेटी / शराब 3 पवित्र व्यक्ति

नहीं मिज़्गाँ[1] की दो सफ़ें[2] गोया
इक बला इक बला से लड़ती है

1 पलकें 2 पंक्तियाँ

तेरे बीमार के सर-ए-बालीं[1]
मौत क्या क्या शिफ़ा[2] से लड़ती है

1 सरहाने 2 रोग मुक्ति

फिर[1] आए अगर जीते[2] वो का'बे के सफ़र से
तो जानो फिरे शेख़ जी अल्लाह के घर से

1 लौटना 2 ज़िन्दा

सरमाया[1]-ए-उम्मीद है क्या पास हमारे
इक आह है सीने में सो नामीद[2] असर से

1 पूँजी 2 निराश

लब्रेज़[1] मय-ए-साफ़[2] से हों जाम-ए-बिलोरीं[3]
ज़मज़म[4] से है मत्लब न सफ़ा[5] से न हजर[6] से

1 पूरा भरा हुआ 2 साफ़ शराब 3 शीशे के प्याले 4 पवित्र पानी 5 सफ़ाई 6 पत्थर

अश्कों[1] में बहे जाते हैं हम सू-ए-दर-ए-यार[2]
मक़्सूद[3] रह-ए-का'बा है दरिया के सफ़र से

1 आँसुओं 2 प्रेमिका की गली की ओर 3 उद्देश्य

खुलता नहीं दिल बन्द ही रहता है हमेशा
क्या जाने कि आ जाए है तू इस में किधर से

कुछ रहमत-ए-बारी[1] से नहीं दूर कि साक़ी
रोएँ जो ज़रा मस्त तो मय[2] अब्र[3] से बरसे

1 ईश्वर कृपा 2 शराब 3 बादल

ऐ 'ज़ौक़' किसी हमदम-ए-दैरीना[1] का मिलना
बेहतर है मुलाक़ात-ए-मसीहा[2]-ओ-ख़िज़र[3] से

1 पुराना दोस्त 2,3 पैग़म्बरों के नाम

❁

कब हक़-परस्त[1] ज़ाहिद[2]-ए-जन्नत-परस्त[3] है
हूरों प मर रहा है ये शहवत-परस्त[4] है

1 ख़ुदा / सच्चाई को मानने वाला 2 धर्म परायण व्यक्ति 3 स्वर्ग का लालची 4 काम वासना से ग्रस्त

दिल साफ़ हो तो चाहिए मा'नी-परस्त[1] हो
आइना ख़ाक साफ़ है सूरत-परस्त[2] है

1 अर्थ को देखने वाला 2 बाहरी आकार देखने वाला

दरवेश है वही जो रियाज़त[1] में चुस्त हो
तारिक[2] नहीं फ़क़ीर भी राहत-परस्त[3] है

1 साधना 2 संसार त्यागने वाला 3 आराम चाहने वाला

दौलत की रख न मार-ए-सर-ए-गन्ज[1] से उमीद
मूज़ी[2] वो देगा क्या कि जो दौलत-परस्त[3] है

1 ख़ज़ाने पर बैठा साँप 2 यातना देने वाला 3 धन पूजक

अ'न्क़ा[1] ने गुम किया है निशाँ नाम के लिए
गुम-गश्ता[2] कौन कहता है शोहरत-परस्त[3] है

1 काल्पनिक परिन्दा जो प्राप्त नहीं होता 2 खोया हुआ 3 प्रसिद्धि चाहने वाला

ये 'ज़ौक़' मय-परस्त[1] है या है सनम-परस्त[2]
कुछ है बला से लेक[3] मोहब्बत-परस्त[4] है

1 शराब पीने वाला 2 मूर्ति / मा'शूक़ पूजने वाला 3 लेकिन 4 प्रेम पुजारी

सब को दुनिया की हवस[1] ख़्वार[2] लिए फिरती है
कौन फिरता है ये मुर्दार[3] लिए फिरती है

1 वासना, लालच 2 अपमानित 3 मृतक, कुलटा, दुष्ट

घर से बाहर न निकलता कभी अपने ख़ुर्शीद[1]
हवस-ए-गर्मी-ए-बाज़ार[2] लिए फिरती है

1 सूरज 2 बाजार भाव बढ़ने का लालच

वो मिरे अख़्तर-ए-ताले'[1] की है वाज़ूँ[2] गर्दिश[3]
कि फ़लक[4] को भी निगूँ-सार[5] लिए फिरती है

1 भाग्य का सितारा 2 उलटा / उलटी 3 चक्र 4 आस्मान 5 सर झुकाए हुए, लज्जित

कर दिया क्या तिरे अब्रू[1] ने इशारा क़ातिल
कि क़ज़ा हाथ में तल्वार लिए फिरती है

1 भौं

जा के इक बार न फिरना था जहाँ वाँ[1] मुझ को
बे-क़रारी[2] है कि सौ बार लिए फिरती है

1 वहाँ 2 बेचैनी

❁

इक सदमा[1] दर्द-ए-दिल से मिरी जान पर तो है
लेकिन बला से यार के ज़ानू[2] प सर तो है

1 गहरा दुख 2 गोद

ऐ दिल हुजूम-ए-दर्द-ओ-अलम[1] से न तंग हो
ख़ाना-ख़राब[2] ख़ुश हो कि आबाद घर तो है

1 बहुत अधिक दुख 2 घर लुटाने वाले

तुर्बत[1] प दिल-जलों की नहीं गर चराग़-ओ-गुल[2]
सीने में सोज़िश-ए-दिल-ओ-दाग़-ए-जिगर[3] तो है

1 क़ब्र 2 फूल 3 दिल की जलन और दाग़

ग़ाइब[1] में जो कहा सो कहा फिर भी है ये शुक्र[2]
ख़ामोश हो गया वो मुझे देख कर तो है

1 अनुपस्थिति 2 धन्यवाद

कश्ती-ए-बह्र-ए-ग़म[1] है मिरे हक़ में तेग़-ए-यार[2]
कर देती एक दम[3] में इधर से उधर तो है

1 दुखों के समुद्र की नाव 2 प्रेमिका की तल्वार 3 पल

वो दिल कि जिस में सोज़-ए-मोहब्बत[1] न होवे 'ज़ौक़'
बेहतर है संग[2] उस से कि उस में शरर[3] तो है

1 प्रेम-अग्नि 2 पत्थर 3 चिंगारी

❋

बुलबुल ये तिरे वास्ते फ़र्याद ग़ज़ब है
फ़र्याद न कर देख कि सय्याद[1] ग़ज़ब है
1 शिकारी

ऐ गुन्चे[1] परेशाँ न हो हँस कर रविश-ए-गुल[2]
होना चमन-ए-दह्र[3] में नाशाद[4] ग़ज़ब है
1 कली 2 फूल की तरह 3 दुनिया का बाग़ 4 दुखी

तोड़ा कमर-ए-शाख़[1] को कस्रत[2] ने समर[3] की
दुनिया में गराँ-बारी-ए-औलाद[4] ग़ज़ब है
1 टहनी की कमर 2 अधिकता 3 फल 4 संतानों का भारी बोझ

मरते नहीं हूरों प तिरी तर्ह से वाइ'ज़[1]
हम जिस प है आ'शिक़ वो परीज़ाद[2] ग़ज़ब है
1 उपदेशक 2 परी

ग़ुस्सा है तिरा क़ह्र[1] तिरा क़ह्र क़यामत[2]
रन्जिश[3] तिरी बेदाद[4] है बेदाद ग़ज़ब[5] है
1 प्रकोप 2 प्रलय 3 नाराज़ होना 4 अत्याचार

वो कौन सा ग़म है कि जो दुनिया में नहीं है
और इस प भी दिलकश[1] ये ग़माबाद[2] ग़ज़ब[5] है
1 आकर्षक 2 दुखों की बस्ती

ये ख़ाना-ए-हस्ती[1] है अ'जब ख़ाना-ए-रंगीं
ऐ 'ज़ौक़' मगर सुस्ती-ए-बुनयाद[2] ग़ज़ब[5] है
1 अस्तित्व / जीवन का घर 2 बुनयाद की कमज़ोरी

कहते हैं लोग सब कि नहीं पाँव झूट के
झूटे तो बैठते भी नहीं पाँव टूट के

चलता हूँ 'ज़ौक़' क़ैद से हस्ती की छूट के
ये क़ैद मार डालेगी दम घूँट-घूँट के

ढाला जो तुझ को हुस्न के साँचे में ऐ सनम
आँखों की जाए[1] भर दिए मोती से कूट के

1 जगह

बेदर्द सीना कूटना ख़ाली नहीं मिरा
दिल में भरा है दर्द मिरे कूट-कूट के

क्योंकर[1] हबाब[2] हो सके दरिया-ए-बे-कराँ[3]
दरिया से जब तलक न मिले टूट-फूट के

1 कैसे 2 बुलबुला 3 असीम दरिया

उस शम्अ'-रू[1] से रात को रुख़्सत[2] हुए जो 'ज़ौक़'
रोए हैं दिल के आब्ले[3] क्या फूट-फूट के

1 रौशन चेहरे वाला मा'शूक़ 2 विदाअ' होना 3 छाले

साक़िया[1] ई'द है ला बादे[2] से मीना[3] भर के
कि मय-आशाम[4] पियासे हैं महीना भर के

1ऐ साक़ी 2 शराब 3 शराब की सुराही 4 शराब पीने वाले

आश्नाओं[1] से अगर ऐसे ही बेज़ार[2] हो तुम
तो डूबो दो उन्हें दरिया में सफ़ीना[3] भर के

1 आ'शिक़ों 2 नाराज़ 3 कश्ती, नाव

ख़ूब उस गुलशन-ए-रुख़्सार[1] से ले जाते हैं गुल[2]
अपने दामान-ए-नज़र मर्दुम-ए-बीना[3] भर के

1 गालों का बाग़ 2 फूल 3 दृष्टिवान / ज्ञानी लोग

ख़ुम-ए-पुरजोश[1] की मानिन्द[2] छलकता है मुदाम[3]
ख़ून-ए-हसरत[4] से लबों[5] तक मिरा सीना भर के

1 पूरा भरा हुआ शराब का मटका 2 के जैसा 3 सदैव 4 कामनाओं का ख़ून 5 होंठों

जाम-ए-ख़ाली[1] भी लगा मुंह से न कम-ज़र्फ़[2] के साथ
'ज़ौक़' के साथ क़दह[3] ज़ौक़[4] से पीना भर के

1 ख़ाली प्याला 2 उथला व्यक्ति 3 प्याला 4 मज़ा, आनंद,रसिकता

❁

मरज़[1]-ए-इ’श्क़ जिसे हो उसे क्या याद रहे
न दवा याद रहे और न दुआ’ याद रहे

1 रोग

तुम जिसे याद करो फिर उसे क्या याद रहे
न ख़ुदाई की हो पर्वा[1] न ख़ुदा याद रहे

1 ध्यान

तेरे मदहोश से क्या होश-ओ-ख़िरद[1] की हो उमीद
रात का भी न जिसे खाया हुआ याद रहे

1 बुद्धिमानी

ख़ाक[1] बर्बाद न करना मिरी उस कूचे[2] में
तुझ से कह देता हूँ मैं बाद-ए-सबा[3] याद रहे

1 मिट्टी 2 गली 3 अच्छी हवा

ज़ख़्म-ए-दिल बोले मिरे दिल के नमक-ख़्वारों[1] से
लो भला कुछ तो मोहब्बत का मज़ा याद रहे

1 नमक खाने वाला, सेवक

हज़रत-ए-इ’श्क़ के मक्तब[1] में है ता’लीम[2] कुछ और
याँ लिखा याद रहे और न पढ़ा याद रहे

1 पाठशाला 2 शिक्षा

आ’लम-ए-हुस्न[1] ख़ुदाई है बुतों की ऐ 'ज़ौक़'
चल के बुत-ख़ाने में बैठो कि ख़ुदा याद रहे

1 सौंदर्य-जगत

❁

ख़याल दिल में बुरे न लाओ हमारे दिल में तुम्हारा घर है
तुम आते आओ नहीं न आओ हमारे दिल में तुम्हारा घर है

जवाब देंगे न हम उलट के तुम अपनी, मुख़्तार[1] होगे, हट के
किसी को घर में बुला बिठाओ हमारे दिल में तुम्हारा घर है

1 मर्ज़ी के मालिक

ख़लल[1] मकाँ को है गर पहुँचता तो होता नुक़्सान है मकीं[2] को
न क़स्र-ए-दिल[3] को हमारे ढाओ हमारे दिल में तुम्हारा घर है

1 रुकावट 2 मकान में रहने वाला 3 दिल का महल

किसी को क्या हमने दिल दिया है ग़लत है तोहमत[1] है इफ़्तिरा[2] है
किसी के कहने प तुम न जाओ हमारे दिल में तुम्हारा घर है

1,2 आरोप

घटा है आई, है शब[1] ज़ियादा किधर का कीजेगा अब इरादा
न घर के जाने की तुम सुनाओ हमारे दिल में तुम्हारा घर है

1 रात

मकान-ए-दीदा[1] पसन्द-ए-ख़ातिर[2] अगर नहीं है कि होंगे ज़ाहिर[3]
तो शब को तशरीफ़[4] आप लाओ हमारे दिल में तुम्हारा घर है

1 आँख का मकान 2 दिल को पसन्द 3 प्रकट 4 पधारना

हमेशा है बस कि पास रहता वही ज़बाँ से है 'ज़ौक़' कहता
जुदा न तुम हमसे घर बनाओ हमारे दिल में तुम्हारा घर है

❋

ख़ुदा ने मेरे दिया सीना लालाज़ार[1] मुझे
बुतो न बन के नज़र आओ तुम बहार मुझे

1 लाल रंग के फूलों का बाग़ 2 मा'शूक़ो

जमाल-ए-यार[1] ने मुड़ कर भी देखने न दिया
पुकारते रहे दैर-ओ-हरम[2] हज़ार मुझे

1 मा'शूक़ का सौंदर्य 2 मंदिर-मस्जिद

तुम्हारे इ'श्क़ में माही[1] से ता-ब-माह-ए-फ़लक[2]
दिखाई देते हैं दिलहा-ए-दाग़दार[3] मुझे

1 मछली 2 आस्मान के चाँद तक 3 दाग़े हुए दिल

नज़र जो लुत्फ़[1] की है रोज़-ए-हश्र[2] पर मौक़ूफ़[3]
तो करना क्या था नज़र-बन्द-ए-इन्तिज़ार मुझे

1 मोहब्बत, कृपा 2 प्रलय का दिन 3 निर्भर

हवा-ए-वादी-ए-वहशत[1] मुझे मुवाफ़िक़[2] थी
दिखा रहे हैं चमन की ये क्या बहार मुझे

1 दीवानगी के वीराने की हवा 2 अनुकूल

न देता इ'श्क़ अगर चश्म-ए-अश्क-बार[1] ऐ 'ज़ौक़'
जला चुकी थी मिरी आह-ए-शो'ला-बार[2] मुझे

1 आँसू बहाने वाली आँख 2 शो'ले बरसाने वाली आह

❁

चश्म[1]-ए-क़ातिल हमें क्योंकर[2] न भला याद रहे
मौत इन्सान को लाज़िम[3] है सदा याद रहे
1 आँख 2 कैसे 3 आवश्यक

मेरा ख़ूँ है तिरे कूचे[1] में बहा याद रहे
ये बहा[2] वो नहीं जिसका न बहा याद रहे
1 गली 2 दौलत

कुश्ता-ए-ज़ुल्फ़[1] के मर्क़द[2] प तू ऐ लैला-वश[3]
बेद[4]-ए-मज्नूँ ही लगा ताकि पता याद रहे
1 बालों का मारा हुआ 2 क़ब्र 3 लैला की तरह 4 एक पेड़ जिसकी टहनियाँ कमज़ोर और झुकी रहती हैं

हो ये लब्बैक[1]-ए-हरम[2] या ये अज़ान-ए-मस्जिद
मय-कशो[3] क़ुलक़ुल-ए-मीना[4] की सदा[5] याद रहे
1 ये कहना कि 'मैं हाज़िर हूँ' 2 का'बा 3 शराब पीने वालो 4 सुराही से निकलने वाली आवाज़ 5 आवाज़

ख़त[1] भी लिखते हैं तो लेते हैं ख़ताई[2] काग़ज़
देखिए कब तक उन्हें मेरी ख़ता[3] याद रहे
1 पत्र 2 पुराना, भुराभुरा 3 भूल, ग़लती

जब ये दीं-दार[1] हैं दुनिया की नमाज़ें पढ़ते
काश उस वक़्त उन्हें नाम-ए-ख़ुदा याद रहे
1 ईमान वाला

महव[1] इतना भी न हो इ'श्क़-ए-बुताँ[2] में ऐ 'ज़ौक़'
चाहिए बन्दे को हर वक़्त ख़ुदा याद रहे
1 लीन 2 मूर्तियाँ / मा'शूक़

तदबीर[1] न कर फ़ायदा तदबीर में क्या है
कुछ ये भी ख़बर है तिरी तक़्दीर[2] में क्या है

1 प्रयत्न 2 भाग्य

ऐ अह्ल-ए-नज़र[1] आ'लम[2]-ए-तस्वीर को देखो
तस्वीर का क्या देखना तस्वीर में क्या है

1 नज़र रखने वाले लोग 2 संसार, अवस्था

है शाना[1] कि मेरा दिल दीवाना है उलझा
मा'लूम नहीं ज़ुल्फ़-ए-गिरह-गीर[2] में क्या है

1 कंघा 2 घुंघराले बाल

बैठा है दर-ए-का'बा[1] प हैराँ[2] तिरा शैदा[3]
लब्बैक में क्या होता है तक्बीर[4] में क्या है

1 का'बे का दरवाज़ा 2 हैरान 3 प्रेम 4 अल्लाह-ओ-अकबर या'नी अल्लाह सबसे बड़ा है कहना

'ज़ौक़' उस लब-ए-शीरीं[1] का जो तू वस्फ़[2] है कहता
क्या कहिए हलावत[3] तिरी तक़्रीर[4] में क्या है

1 मीठे होंठ 2 प्रशंसा 3 मिठास 4 बोलना

❀

परी-रू[1] क्या सितम-गर[2] पेश-तर[3] ऐसे न होते थे
वलेकिन[4] जैसे तुम हो फ़ित्ना-गर[5] ऐसे न होते थे

1 परी जैसे चेहरे वाला मा'शूक़ 2 अत्याचारी 3 पहले 4 लेकिन 5 तबाही फैलाने वाला

जो दीं हैं गालियाँ उस बद-ज़बाँ[1] ने आज क्या कहिए
कभी नादिम[2] हम उस को छेड़ कर ऐसे न होते थे

1 बुरा बोलने वाला 2 पश्चाताप करने वाला

किताब-ए-दिल शरार[1]-ए-इ'श्क़ से है जल उठी शायद
कि मज़्मूँ[2] सोज़-ए-दिल[3] के पेश-तर ऐसे न होते थे

1 चिंगारी 2 विषय 3 दिल की आग

हमारे आब्लों[1] में आब[2] है या आब-दारी[3] है
कि पहले ख़ार-ए-सेहरा[4] तेज़-तर[5] ऐसे न होते थे

1 छालों 2 पानी 3 चमक, धार 4 वीराने का काँटा 5 बहुत तेज़

हमारे शे'र सुन कर 'ज़ौक़' जैसे बज़्म-ए-आ'लम[1] में
हुए क़ाइल[2] हैं अब अह्ल-ए-नज़र[3] ऐसे न होते थे

1 संसार की महफ़िल 2 मानना 3 समझदार लोग

बर्क़[1] मेरा आश्याँ[2] कब का जला कर ले गई
कुछ जो ख़ाकिस्तर[3] बचा आँधी उड़ा कर ले गई

1 बिजली 2 घोंसला, घर 3 राख

ना-तवानी[1] हम को हाथों-हाथ उठा कर ले गई
चींवटी से चींवटी दाना छुड़ा कर ले गई

1 कमज़ोरी

तुम ने तो छोड़ा ही था ऐ हमरहान-ए-क़ाफ़िला[1]
लेकिन आवाज़-ए-जरस[2] हम को जगा कर ले गई

1 काफ़िले के सह यात्री 2 कारवाँ की घंटियों की आवाज़

नोक-ए-मिज़्गाँ[1] जब हुई सीना-फ़िगारों[2] से दो-चार[3]
पारा-हा-ए-दिल[4] से गुल-दस्ता बना कर ले गई

1 पलकों की नोक 2 जख़्मी दिल वाले 3 मिलना 4 दिल के टुकड़े

देखी कुछ दिल की कशिश[1] लैला कि नाक़े[2] को तिरे
सू-ए-मज्नूँ[3] आख़िरश[4] रस्ता भुला कर ले गई

1 आकर्षण 2 ऊँटनी 3 मज्नूँ की ओर 4 अंततः

वाह ऐ सोज़-ए-दरूँ[1] कूचे में उस के बर्क़[2]-ए-आह
रात हम को हर क़दम मश्अ'ल दिखा कर ले गई

1 दिल की आग 2 बिजली

'ज़ौक़' मर जाने का तो अपने कोई मौक़ा[1] न था
कू-ए-जानाँ[2] में अजल[3] नाहक़[4] लगा कर ले गई

1 अवसर 2 मा'शूक़ की गली 3 मौत 4 अकारण

❁

ज़िक्र-ए-मिज़्गाँ[1] तेरा जिस के रू-ब-रू[2] निकला करे
उसके बेनिश्तर[3] रग-ए-जाँ से लहू निकला करे

1 पलकों की चर्चा 2 सामने 3 छुरी से कटे बिना

गर फ़ुग़ाँ[1] अच्छा नहीं तो चुप भी रहना है बुरा
कुछ तो सीने का बुख़ार ऐ दिल कभू निकला करे

1 रोना-धोना

देखे मेरे आँसुओं की आबदारी[1] को अगर
आब-ए-दरिया[2] से गुहर[3] बे-आबरू[4] निकला करे

1 चमक 2 दरिया का पानी 3 मोती 4 अपमानित

चश्म-ए-मस्त-ए-यार[1] अगर दिखलाए तासीर[2]-ए-नज़र
ता-क़यामत[3] फिर दिल-ए-आहू[4] से हू निकला करे

1 मा'शूक़ की मस्त नज़र 2 असर 3 प्रलय तक 4 हिरन

ऐ सनम पैदा करे जो दिल में तेरी आरज़ू
फिर न उसके लब से हर्फ़-ए-आरज़ू[1] निकला करे

1 चाहत की बात

हज़रत-ए-दिल हम तो जब जानें करामत[1] आप की
खा के धक्के रोज़ उस घर से अ'दू[2] निकला करे

1 चमत्कार 2 दुश्मन, रक़ीब

ख़िदमत[1]-ए-पीर-ए-मुग़ाँ[2] से लो वो दारू[3] चल के 'ज़ौक़'
नश्शा-ए-मय[4] जिस से बे-जाम[5]-ओ-सुबू[6] निकला करे

1 सेवा 2 शराब ख़ाने का प्रबंधक 3 दवा, शराब 4 शराब 5 प्याला 6 शराब का मटका

ऐ सनम[1] हिज्र[2] में हम जीते भला पत्थर थे
सीना था हाथ था सर अपना था या पत्थर थे

1 मूर्ति / मा'शूक़ 2 विरह

जिन दिलों ने है किया चूर मिरा शीशा-ए-दिल
ऐ बुतो दिल तो न थे वो ब-ख़ुदा[1] पत्थर थे

1 ख़ुदा की क़सम

कौन हमदम[1] शब-ए-फ़ुर्क़त[2] में था बेकस का तिरे
या तो सन्नाटा था या देते सदा[3] पत्थर थे

1 दोस्त 2 विरह की रात 3 आवाज़

थे दिल-ए-संग[1] में जब तक तो रहे क़तरा-ए-ख़ूँ[2]
ताज-ए-शाही में लगे ला'ल[3] तो क्या पत्थर थे

1 पत्थर 2 ख़ून की बूँद 3 क़ीमती पत्थर

ताज-ए-शाही में जगह पाई तो क्या हाथ आया
और धरे गर तिरे दर पर थे तो क्या पत्थर थे

का'बा-ए-इ'श्क़ का ऐ 'ज़ौक़' किया हम ने तवाफ़[1]
आइना ख़ाक थी और संग-ए-सफ़ा[2] पत्थर थे

1 परिक्रमा 2 साफ़ पत्थर

❋

अकेले शे’र

नज़्म मा'नी[1] का बिखर जाए अभी हर्फ़[2] से हर्फ़
बाँधें गर अह्‌ल-ए-सुखन[3] हाल-ए-परेशाँ मेरा

1 अर्थों का क्रम 2 अक्षर 3 शाइ'र

❀

हो गया नामा-ए-शौक़[1] उनको सब अज़बर[2] मेरा
खा गए ज़ब्ह[3] जो वो कर के कबूतर मेरा

1 प्रेम-पत्र 2 ज़बानी याद होना 3 काटना

❀

कुछ राज़-ए-निहाँ[1] दिल का अ'याँ[2] हो नहीं सकता
गूँगे का सा है ख़्वाब बयाँ हो नहीं सकता

1 छुपा हुआ रहस्य 2 प्रकट

❀

अगर रक़्साँ[1] न सर अपना सिनान[2]-ए-यार पर देखा
तो सर-बाज़ी[3] का अपनी क्या तमाशा अपना सर देखा

1 नाचता हुआ 2 छुरियाँ 3 बहादुरी

❀

जहाँ बारीक-बीन[1]-ओ-नातवाँ[2] हैं इस क़दर देखा
हिलाल[3] उन्तीसवीं का सबको मन्ज़ूर-ए-नज़र[4] देखा

1 बारीकी से देखने वाले 2 कमज़ोर 3 नया चाँद 4 पसन्द

❀

कोई ऐ लाला-रू[1] उस हुस्न[2] का क़ाइल[3] न होवेगा
अगर मुह्‌र-ए-गवाही मेरा दाग़-ए-दिल न होवेगा

1 लाल रंग के फूल जैसे चेहरा वाला 2 सौंदर्य 3 मानना

क्या ताब दिल-जलों से जो बर्क़[1] लाग रक्खे
दोज़ख़[2] भी हो तो उनकी चिलमों प आग रक्खे

1 बिजली 2 नर्क

❁

ख़ानक़ह[1] में भी वही है जो ख़राबात[2] में है
फ़र्क़[3] पर ये है यहाँ मुँह प है और वाँ[4] दिल में

1 सूफ़ियों का केंद्र 2 शराबख़ाना 3 अंतर 4 वहाँ

❁

मर गया हूँ बस कि वस्ल[1]-ए-सीम-तन[2] की फ़िक्र[3] में
चादर-ए-महताब[4] है मेरे कफ़न की फ़िक्र में

1 मिलन 2 चाँदी जैसे बदन वाला मा'शूक़ 3 चिंता 4 चाँद

❁

कटा कर अपना सर नोक-ए-सिनाँ[1] पर ताज करते है
हुसूल[2] इस तरह आ'शिक़ रुत्बा-ए-मे'राज[3] करते हैं

1 छुरी की नोक 2 प्राप्त 3 ऊँचा पद

❁

का'बा नहीं ये का'बा-ए-दिल है मक़ाम-ए-दोस्त[1]
रहना ज़रा यहाँ से तवाफ़-ए-हरम[2] परे

1 दोस्त के रहने की जगह 2 का'बे की परिक्रमा

❁

ख़ूँ मिरा दाग़ नहीं धोता है क्या तू क़ातिल
ये न छूटा है न छूटेगा तिरे दामन से

होश-ओ-ख़िरद[1] को देख लिया दर्द-ए-सर में 'ज़ौक़'
आराम को भी देख कि दीवान-पन में है
1 बुद्धि

❁

सामने चश्म-ए-गुहर-बार[1] के कह दो दरिया
चढ़ के गर आए तो नज़रों से उतर जाएँगे
1 मोती लुटाने वाली आँख

❁

मैं दर्द से हूँ इ'श्क़ के बैठा हुआ लबरेज़[1]
पर दिल यही कहता है कि हर्गिज़ न कहूँ है
1 पूरा भरा हुआ

❁

आलूदा-ए-इज़्हार[1] न हो राज़-ए-मोहब्बत
दम होंठों प आ जाए मगर मैं न कहूँ है
1 अभिव्यक्ति-ग्रस्त

❁

बेताबी-ए-दिल का कोई मज़्मूँ[1] जो हुआ नज़्म[2]
हर हर्फ़[3] प मेरे हरकत[4] जा-ए-सुकूँ[5] है
1 विषय 2 कविता-बद्ध 3 अक्षर 4 गति 5 ठहरने की जगह

❁

पहले बुतों के इ'श्क़ में ईमान पर बनी
फिर ऐसी आ बनी कि मिरी जान पर बनी

दिल की तपिश[1] से ज़ख़्म-ए-जिगर का रात जो टाँका टूट गया
ताइर-ए-जाँ[2] जो रिश्ता-ब-पा[3] था फ़ुर्सत पा कर छूट गया

1 जलन 2 जान का परिन्दा 3 पाँव बंधे होना

❀

ख़िरद[1] ने राज़-ए-आ'लम[2] कुछ न पाया 'ज़ौक़' अगर पाया
कि बे-आग़ाज़[3] आया और बे-अन्जाम[4] चलता है

1 बुद्धि 2 संसार का रहस्य 3 अनादि 4 अंतहीन

❀

जो कुछ दिल पर गुज़रती है सुनाएँगे हम उस बुत को
ख़ुदा जाने कहें क्या हम वो अपने दिल में क्या समझे

❀

मौत ही से कुछ इ'लाज-ए-दर्द-ए-फ़ुर्क़त[1] हो तो हो
ग़ुस्ल-ए-मय्यत[2] ही हमारा ग़ुस्ल-ए-सेह्हत[3] हो तो हो

1 विरह के दुख का इ'लाज 2 शव को नहलाना 3 स्वस्थ्य हो जाने के बा'द नहाना

❀

फ़िर्दौस[1] में ज़िक्र[2] उस लब-ए-शीरीं[3] का गर आवे
पानी दहन[4]-ए-चश्मा[5]-ए-कौसर[6] में भर आवे

1 स्वर्ग 2 चर्चा 3 मीठे होंठ 4 मुँह 5 छोटी नदी, नहर 6 स्वर्ग की एक काल्पनिक नहर

❀

न कीजो ख़्वान-ए-दूँ-हिम्मत[1] प हाथ ऐ ज़ौक़ आलूदा[2]
कि ये खाना मिरे आगे है बदतर ज़ह्र खाने से

1 हिम्मत तोड़ने वाला खाना 2 गंदा

चारागर सोज़न[1]-ए-तक़्दीर में कुछ और हैं तार
जेब के तार जो हो हो के रफ़ू टूट गए

1 सुई

❀

जिस बात पर तुम्हारी सब ग़श[1] हैं हमसे पूछो
हम कहवें आँखों देखी वो सब सुनी सुनाई

1 बेहोश

❀

बुतों के दुज़्द-ए-नज़र[1] से है दिल मिरा नालाँ[2]
ये चोर वो है कि जो ख़ाना-ए-ख़ुदा[3] में पड़े

1 कनखियों से देखना 2 फ़र्यादी 3 ख़ुदा का घर

❀

तुम आओ घर तो आओ नहीं मुझको लो बुला
घर से तुम्हारे घर है मिरा कै क़दम परे

❀

याँ लब[1] प लाख लाख सुख़न[2] इज़्तिराब[3] में
वाँ एक ख़ामुशी तिरी सब के जवाब में

1 होंठ 2 बात 3 बेचैनी

❀

ने रंग-ए-कफ़क[1] हूँ न तिरा फ़ुन्दुक़-ए-पा[2] हूँ
मैं कुछ नहीं लेकिन तिरे क़दमों से लगा हूँ

1 मेंहदी लगे पाँव का तलवा 2 मेंहदी लगे पाँव की उंगली का सिरा

तेरे आफ़त-ज़दा[1] जिन दश्तों[2] में उड़ जाते हैं
सब्र[3]-ओ-ताक़त के वहाँ पाँव उखड़ जाते हैं

1 विपत्ति-ग्रस्त 2 वीरानों 3 धैर्य

❁

इतने बिगड़े हैं वो मुझ से कि अगर नाम उन के
ख़त[1] भी लिखता हूँ तो सब हर्फ़[2] बिगड़ जाते हैं

1 पत्र 2 अक्षर

❁

क्यों न लड़वाएँ उन्हें ग़ैर[1] कि करते हैं यही
हम-नशीं[2] जिन के नसीबे कहीं लड़ जाते हैं

1 रक़ीब, मा'शूक़ के अन्य आ'शिक़ 2 दोस्त

❁

दीं[1] क्या है बल्कि दीजिए ईमान भी उन्हें
ज़ाहिद[2] ये बुत ख़ुदा की क़सम ऐसे शख़्स[3] हैं

1 धर्म 2 धर्म परायण व्यक्ति 3 व्यक्ति

❁

ज़ाहिद-ए-गुमराह के मैं किस तरह हमराह[1] हूँ
वो कहे अल्लाह-हू और मैं कहूँ अल्लाह हूँ

1 साथ

❁

मजनूँ भी मुझे समझे चराग़-ए-रह-ए-मक़्सूद[1]
मैं नाक़ा-ए-लैला[2] का सुराग़-[illegible]फ़-ए-पा[3] हूँ

1 गंतव्य के रास्ते का चराग़ 2 लैला की ऊँटनी 3 पद चिन्हों का पता

घड़ी भर में ये नाले गुम्बद-ए-बे-दर[1] से ऊपर हैं
हवा ये बाँधते बादल अ'बस[2] ऊपर से ऊपर हैं

1 आस्मान 2 अकारण, बेकार

❁

कहूँ मैं क्या कि मेरे दिल में सौ निश्तर[1] से ऊपर हैं
वो इक सुनते नहीं देते उड़ा ऊपर से ऊपर हैं

1 छुरी

❁

अब के दिल ले लूँ तो फिर उस बुत-ए-क़ातिल[1] को न दूँ
जान दूँ माल दूँ ईमान दूँ पर दिल को न दूँ

1 क़ातिल मा'शूक़

❁

चार टुकड़े करूँ दिल के कि नहीं हो सकता
लब[1] को दूँ रुख़[2] को न दूँ ज़ुल्फ़[3] को दूँ तिल को न दूँ

1 होंठ 2 चेहरा 3 बाल

❁

वो मेह्‌र[1] तो मैं ताब[2] वो गौहर[3] है तो मैं आब[4]
ने मुझसे जुदा वो है न मैं उससे जुदा हूँ

1 सूरज 2 गर्मी 3 मोती 4 चमक, पानी

❁

वो दिवाने हैं कि जिनको बेड़ियाँ दरकार हैं
हम असीर[1]-ए-ज़ुल्फ़ हैं काफ़ी हमें दो तार हैं

1 क़ैदी

जो लज़्ज़त-आश्ना-ए-मर्ग[1] होता ख़िज़्र[2] तो हर्गिज़
न पीता आब-ए-हैवाँ[3] डूब मरता आब-ए-हैवाँ में

1 मौत का मज़ा जानने वाला 2 एक पैग़म्बर का नाम जो अमर हैं 3 अमृत

❁

नहीं तदबीर[1] कुछ बनती पड़े सर को पटकते हैं
न दिल छोड़े है हमको और न हम दिल छोड़ सकते हैं

1 प्रयत्न

❁

मिरे नालों से चुप हैं मुर्ग़-ए-ख़ुश-इल्हाँ[1] ज़माने में
सदा[2] तूती की सुनता कौन है नक़्क़ार-ख़ाने में

1 अच्छी आवाज़ में गाने वाले परिन्दे 2 आवाज़

❁

क्या सूफ़ी-ओ-क्या-मयकश[1] क़ाइल[2] मिरे दोनों हैं
पर मज़्हब-ओ-मश्रब[3] से ग़ाफ़िल[4] मिरे दोनों हैं

1 शराब पीने वाला 2 मानने वाला 3 धर्म और पंथ 4 भूले हुए

❁

गाह[1] थी ख़ल्क़[2] उस दर प ये हैरान खड़ी आवाज़ न थी
गाह ये ग़ुल[3] कि सुनाई देती कान पड़ी आवाज़ न थी

1 कभी 2 लोग 3 शोर

❁

हमको क्या याँ राह पर है या कोई गुमराह है
अपनी सब से राह है और सब से याद-अल्लाह[1] है

1 मिलना जुलना

ये तौक़[1] इस वास्ते छोटा हुआ क़ुमरी[2] की गर्दन में
कि था बुलबुल की क़िस्मत का पड़ा क़ुमरी की गर्दन में

1 हंसली 2 एक परिन्दे का नाम

❁

हम वो हैं रिन्द[1] कि इस आ'लम-ए-पीरी[2] में भी है
उन्स[3] मय-ख़ाने से जूँ पम्बा-ए-मीना[4] हमको

1 शराब पीने वाला 2 बुढ़ापा 3 लगाव 4 सुराही को बंद करने वाली रुई

❁

आने को कहते थे ख़ातिर[1] से तुम्हारी परसों
हुए बरसों न हुई पर वो तुम्हारी परसों

1 दिल रखने के लिए

❁

कहते हैं आज 'जौक़' जहाँ से गुज़र गया
क्या ख़ूब आदमी था ख़ुदा मग़्फ़िरत[1] करे

1 पापों को क्षमा करना, मोक्ष

❁

बुतख़ाने में नाला[1] जो करूँ इ'श्क़-ए-सनम[2] में
नाक़ूस[3] का दिल आब्ले[4] की तरह भर आवे

1 फ़र्याद 2 मूर्ति / मा'शूक़ का दुख 3 शंख 4 छाला

❁

काफ़िर-ए-इ'श्क़ हूँ गर सर भी जुदा हो तन से
निकले जुन्नार[1]-ए-मोहब्बत न मिरी गर्दन से

1 जनेऊ

ज़ियादा होता है पीरी में फ़र्बा[1] नफ़्स-ए-अम्मारा[2]
ये बालों की सफ़ेदी शेर है इस मार[3]-ए-रहज़न[4] को

1 मोटा 2 बुराई की तरफ़ ले जाने वाली प्रवृत्ति 3 साँप 4 लुटेरा

❁

नाख़ुन से मिन्क़ार[1] के मेरे दाग़-ए-जुनूँ को ज़ाग़[2] खुजाए
इ'श्क़ ये तेरी फ़ित्रत[3] है तू सर सहलाए भेजा खाए

1 चोंच 2 कव्वा 3 प्रकृति, स्वभाव

❁

जिस जगह बैठे है बा-दीदा-ए-नम[1] उट्ठे हैं
आज किस शख़्स[2] का मुँह देख के हम उट्ठे हैं

1 भीगी आँख के साथ 2 व्यक्ति

❁

जिस तरह देखे क़फ़स[1] से बाग़ को मुर्ग़-ए-असीर[2]
झाँकता है दिल तुझे यूँ दीदा-ए-सद-चाक[3] से

1 पिंजरा, क़ैदख़ाना 2 क़ैदी परिन्दा 3 सौ जगह से कटी-फटी आँख

❁

मुझ को दोज़ख़[1] रश्क-ए-जन्नत[2] है अगर मेरे लिए
वाँ भी आतिश[3] हो किसी के रू-ए-आतिश-नाक[4] से

1 नर्क 2 जिससे स्वर्ग को ईर्ष्या हो 3 आग 4 गर्म चेहरा

❁

बिन जले शम्अ' के पर्वाना नहीं जल सकता
क्या बढ़े इ'श्क़ अगर हुस्न[1] ही सबक़त[2] न करे

1 सौंदर्य, मा'शूक़ 2 पहल, आगे आना

तू मुकद्दर[1] न हो तो इ'श्क़ में हम
एक आँधी हैं ख़ाक[2] उड़ाने को

1 गदला, धुंधला 2 धूल, मिट्टी

❁

कहे एक जब सुन ले इन्सान दो
कि हक़[1] ने ज़बाँ एक दी कान दो

1 ख़ुदा

❁

जितना है नमक तुम मिरे ज़ख़्मों में खपाओ
पलकों से उठाओगे न हाथों से गिराओ

❁

अश्कबारी मिरी मिज़्गाँ[1] की ज़रा देखें तो
कितने पानी में हैं फ़व्वारे भला देखें तो

1 पलकें

❁

न शबनम[1] को कहो बुलबुल के आँसू
ये हँसते हँसते निकले गुल[2] के आँसू

1 ओस 2 फूल

❁

ऐ ग़म मुझे तमाम[1] शब-ए-हिज्र[2] में न खा
रहने दे कुछ कि सुब्ह का भी नाश्ता चले

1 सारा 2 विरह की रात

लाल किताब[1] अपनी अब बादा-ए-लाला-रंग[2] है
मयकदा अपने वास्ते मदरसा-ए-फ़िरंग[3] है

1 आम मान्यता के अनुसार वो किताब जिसमें ज्ञान की सारी बातें लिखी हैं
2 लाल रंग की शराब 3 अंग्रेज़ों की पाठशाला

❁

इक पल नज़र को चश्म[1] के घर में नहीं क़रार[2]
ये वो ग़रीब है कि मुसाफ़िर वतन में है

1 आँख 2 चैन

❁

तुम बैठे बग़ल में जो रक़ीब[1]-ए-दग़ली[2] की
की गर्म बग़ल हमने भी गोर-ए-बग़ली[3] की

1 मा'शूक़ का दूसरा आ'शिक़ 2 धोखेबाज़ 3 पास की क़ब्र

❁

हम और ग़ैर[1] यकजा[2] दोनों बहम[3] न होंगे
हम होंगे वो न होंगे वो होंगे हम न होंगे

1 रक़ीब 2,3 एक साथ

❁

हम बुतों के दिल को जज़्ब-ए-दिल[1] से खींचे जाएँगे
पर बड़े पत्थर है ये मुश्किल से खींचे जाएँगे

1 प्रेम-भावना

❁

याँ लग चुके सब दीन[1]-ओ-दिल-ओ-जान ठिकाने
अब तक नहीं काफ़िर तिरा ईमान ठिकाने

1 धर्म, आस्था

ले जाएँ तेरे कुश्ते[1] को जन्नत में भी अगर
फिर फिर के तेरे घर की तरफ़ देखता चले

1 मारा गया आ'शिक़

❀

ज़िन्दा तो डूबे है और तैरे है मुर्दा आब[1] में
बोझ शायद जिस्म का कम है नफ़स[2] के बोझ से

1 पानी 2 साँस

❀

मुम्किन[1] नहीं कम होवे तप-ए-सोज़-ए-मोहब्बत[2]
जूँ शम्अ' मुझे लाख पसीना अगर आवे

1 संभव 2 प्रेम अग्नि की जलन

❀

वही पास है और मिरी बद-गुमानी[1]
लिए फिरती मुझको कहीं का कहीं है

1 बुरा सोचना

❀

किए ज़ब्त[1] अश्क[2] आह पहुँची फ़लक[3] पर
मिरा इ'श्क़ कम-ख़र्च बाला-नशीं[4] है

1 रोकना 2 आँसू 3 आस्मान 4 ऊपर रहने वाला

❀

साथ तेरे हम भी जूँ साया मुक़र्रर जाएँगे
आगे जाएँ पीछे जाएँ जाएँगे पर जाएँगेAccae

गाह[1] हुजूम-ए-यास[2] में है दिल गाह हुजूम-ए-हसरत[3] में
है ये मर्द-ए-सिपाही-पेशा फिरता लश्कर लश्कर है
1 कभी, क़दम 2 निराशा की अधिकता 3 कामनाओं की अधिकता

❁

इ'श्क़ ता'लीम[1]-ए-नियाज़[2]-ओ-नाज़[3] यकजा[4] क्यों कि हो
गर न मज्नूँ आन कर लैला का हम-मक्तब[4] बने
1 शिक्षा 2 भक्ति भाव 3 अभिमान 4 एक साथ 5 सहपाठी

❁

उड़ाए ख़ूब गुल-छर्रे निकल मज्नूँ ने ज़िन्दाँ[1] से
बरसते फूल हैं सर पर शरार-ए-संग-ए-तिफ़्लाँ[2] से
1 क़ैदख़ाना 2 बच्चों के हाथों फेंके गए पत्थरों की चिंगारी

❁

तुझ सा नक़िस[1] भी ग़नीमत[2] है अब इस वक़्त में 'ज़ौक़'
कामिलिय्यत[3] से कहाँ हो चुके कामिल[4] आगे
1 अपूर्ण, ख़राब 2 काम चलाऊ 3 पूर्णता 4 पहुँचे हुए लोग

❁

क़त्रा-क़त्रा[1] आँसू जिस की तूफ़ाँ-तूफ़ाँ शिद्दत[2] है
टुकड़े-टुकड़े दिल है जिस में तूदा-तूदा[3] हसरत है
1 बूँद बूँद 2 तेज़ी 3 बड़ा ढेर

❁

रही इस तरह बा'द-अज़-तर्क-ए-दुनिया[1] की हवस-नाकी[2]
शराबी कर के तौबा[3] जिस तरह हो जाए तिर्याकी[4]
1 संसान छोड़ने के बा'द 2 वासनामयता 3 छोड़ना 4 ज़हर का इ'लाज करने वाला

यहाँ तक नातवाँ हैं हम गुज़र जाएँ अगर जाँ से
उठाए मोर[1] लाशे को हमारे दस्त-ए-मिज़्गाँ[2] से
1 च्युँटी 2 पलकों का हाथ

❀

कीड़ा ज़रा सा और वो पत्थर में घर करे
इन्साँ वो क्या न जो दिल-ए-दिलबर में घर करे

❀

मैं वो मज्नूँ हूँ कि मज्नूँ भी हमेशा ख़त[1] में
क़िब्ला-ओ-का'बा[2] लिखा करता है आदाब[3] मुझे
1 पत्र 2 महोदय, श्रीमान 3 सलाम

❀

मत्लब है कुफ़्र से न है इस्लाम से ग़रज़[1]
दिल दे के ऐ सनम तुझे सबसे बरी[2] हुए
1 काम 2 मुक्त

❀

लेके हम ज़ेर-ए-ज़मीं[1] जब दीदा-ए-तर[2] जाएँगे
ख़ुश्क[3] हैं जितने कुँवे पानी से सब भर जाएँगे
1 ज़मीन के नीचे 2 आँसू भरी आँख 3 सूखा

❀

अब्र-ए-रहमत[1] है तुझे इस दम लगा दे तू झड़ी
कहते हैं जाने को वो देखें तो क्योंकर[2] जाएँगे
1 कृपाशील बादल 2 कैसे

गर रुख़[1] का बोसा[2] देते नहीं लब[3] का दीजिए
वो ही मसल[4] है फूल नहीं पंखुड़ी सही

1 चेहरा 2 चुंबन 3 होंठ 4 कहावत

❁

फ़र्हाद ज़र्ब-ए-तेशा[1] से है सख़्त ज़र्ब-ए-ग़म[2]
सच पूछिए तो चोट हमीं ने कड़ी सही

1 कुदाल का वार 2 दुख का वार

❁

तुम दो घड़ी को आओ तो मैं लब प जान को
ठहरा रखूँ कि और भी याँ दो घड़ी सही

❁

पेशवाई[1] को बढ़े गर कशिश[2]-ए-दिल आगे
दौड़े मज्नूँ की तरफ़ नाक़े[3] से महमिल[4] आगे

1 स्वागत 2 आकर्षण 3 ऊँटनी 4 हौदा

❁

जाते इस तर्ह से उस कूचे[1] में हैं दिल और हम
दिल से हम आगे कभी हम से कभी दिल आगे

1 गली

❁

गर्चे[1] हों वादी-ए-अ'न्क़ा[2] से परे सौ सौ क़ाफ़[3]
लेक[4] है गुम-शुदगी[5] की अभी मन्ज़िल आगे

1 यद्दपि 2 अदृश्य घाटी 3 पहाड़ का नाम 4 लेकिन 5 गुम होना

खिल के गुल कुछ तो बहार अपनी सबा[1] दिखला गए
हसरत उन ग़ुन्चों[2] प है जो बिन खिले मुरझा गए

1 अच्छी हवा 2 कलियाँ

❀

जो तेरा नाख़ुन-ए-पा[1] तेरा बिस्मिल[2] धो के पी जाए
तो उसके दस्त-ओ-पा[3] फिर माह-ए-कामिल[4] धो के पी जाए

1 पाँव का नाख़ुन 2 ज़ख़्मी 3 हाथ-पाँव 4 पूरा चाँद

❀

फिरते हैं लिक्खे-पढ़े सौदे[1] में माल-ओ-जाह[2] के
तिफ़्ल-ए-मक्तब[3] रहते हैं गुम्बद में बिस्मिल्लाह[4] के

1 दीवानगी 2 सत्ता, शक्ति 3 पाठशाला का बच्चा 4 अपने आप में बन्द

❀

पिला मय[1] आश्कारा[2] हमको किसकी साक़िया चोरी
ख़ुदा की जब नहीं चोरी तो फिर बन्दे की क्या चोरी

1 शराब 2 खुलकर

❀

हवस[1] में का'बे की क्यों शेख़ बुतख़ाने से गुमरह है
यहाँ तो कोई सूरत भी है वाँ अल्लह ही अल्लह है

1 वासना, लालच

❀

दिखाने को नहीं हम मुज़्तरिब[1] हालत ही ऐसी है
मसल[2] है रो रहे हो क्यों? कहा सूरत ही ऐसी है

1 बेचैन 2 कहावत

क्या हम-सुख़नी[1] करता है उस गुल[2] के दहन[3] से
ग़ुन्चे[4] से ये कह दो कि चटक जाए चमन से

1 बातों में बराबरी 2 फूल 3 मुँह 4 कली

❁

लाशे को दफ़्न[1] कीजे मेरे कि फेंक दीजे
मुर्दा-बदस्त-ए-ज़िन्दा[2] जो चाहिए सो कीजे

1 मिट्टी में गाड़ना 2 मुर्दे के हाथ में ज़िन्दा

❁

कितने मुफ़्लिस[1] हो गए कितने तवन्गर[2] हो गए
ख़ाक में जब मिल गए दोनों बराबर हो गए

1 दरिद्र 2 मालदार

❁

जा[1] है अब ज़ेर-ए-मुग़ीलाँ[2] तिरे दीवानों की
मुद्दतों छान चुके ख़ाक बियाबानों की

1 जगह 2 बबूल के काँटों के नीचे

❁

उल्फ़त[1] का नशा जब कोई मर जाए तो जाए
ये दर्द-ए-सर ऐसा है कि सर जाए तो जाए

1 मोहब्बत

❁

क्या जाने ख़बर लाया है क्या वाँ[1] से तू क़ासिद[2]
सूरत से ही तेरे नहीं औसान[3] ठिकाने

1 वहाँ 2 पत्र-वाहक 3 होश

रात जूँ शम्अ' कटी हम को जो रोते रोते
बह गए अश्कों में हम सुब्ह के होते होते

❁

कोई जो उसको पढ़ कर आ'शिक़ का ख़त सुनाए
इक हर्फ़-ए-मुद्दआ'[1] पर सौ बे-नुक़त[2] सुनाए

1 मत्लब की बात 2 गालियाँ

❁

चाहिए ज़र[1] इन बुतान-ए-सीम-तन के वास्ते
याँ क़लन्दर हैं नहीं कौड़ी कफ़न के वास्ते

1 धन-दौलत, सोना

❁

होता न अगर दिल तो मोहब्बत भी न होती
होती न मोहब्बत तो कुछ आफ़त भी न होती

❁

मस्रूफ़-ए-चारा[1] देखा क्या चारागर को मेरे
मिर्चें सी लग रही हैं ज़ख़्म-ए-जिगर को मेरे

1 इ'लाज करते हुए

❁

बद[1] न बोले ज़ेर-ए-गर्दूं[2] गर कोई मेरी सुने
है ये गुम्बद की सदा[3] जैसी कहे वैसी सुने

1 बुरा 2 आस्मान के नीचे 3 आवाज़

तिरे बीमार-ए-ग़म को मौत शायद याद करती है
नहीं हिचकी प हिचकी रात से इक दम ठहरती है

❀

मिरे ज़ख़्मों में पुर कर दो नमक अब क्या बचाओगे
गिरेगा गर ज़मीं प ये तो आँखों से उठाओगे

❀

जुनूँ से मेरे मज्नूँ भागता जैसे बगूला[1] है
कि मैं सूरत हूँ वहशत की वो यूँही इक हयूला[2] है
1 तेज़ हवा में उड़ती धूल 2 आकृति

❀

ख़ाक उड़ाता दश्त में जब तेरा सौदाई[1] फिरे
फिर बगूला है तो क्या आँधी भी बौलाई फिरे
1 दीवाना

❀

क़िस्मत-ए-बर्गश्ता[1] देखो इक निगह की थी इधर
वो भी आ कर ता[2] सर-ए-मिज़्गाँ[3] हया[4] से फिर गई
1 बिगड़ा भाग्य 2 तक 3 पलकें 4 शर्म

❀

अगर उट्ठे तो आज़ुर्दा[1] जो बैठे तो ख़फ़ा बैठे
लगाया जी को अपने रोग जब से जी लगा बैठे
1 दुखी

बाक़ी है शेख़ को अभी हसरत[1] गुनाह की
काला करेगा मुंह भी जो डाढ़ी सियाह की

1 इच्छा

❁

दर्द-ए-दिल से लोटता हूँ मेरा किसको दर्द है
मैं हूँ लफ़्ज़[1]-ए-दर्द जिस पहलू से देखो दर्द है

1 शब्द

❁

दिल गिरफ़्तार हुआ यार की अ'य्यारी[1] से
हम गिरफ़्तार हुए दिल की गिरफ़्तारी से

1 कपटता

❁

जो कहोगे तुम कहेंगे हम भी हाँ यूँ ही सही
आप की यूँ ही ख़ुशी है मेह्‌रबाँ यूँ ही सही

❁

कौन से दिन निगह-ए-तेज़ न ख़ूँ-रेज़[1] रही
मुझ प ज़ालिम तिरी हर रोज़ छुरी तेज़ रही

1 ख़ून बहाने वाला

❁

जिस तर्ह माह[1] सारे सितारों में एक है
यूँ मेरा महजबीं[2] भी हज़ारों में एक है

1 चाँद 2 चाँद से माथे वाला मा'शूक़

हम तो वीरान हो इस तरह वतन से निकले
रूह जिस तई किसी शख़्स[1] की तन से निकले

1 व्यक्ति

❁

हमने दिखलाए जो गुल दीवाना-पन में हाथ के
बुलबुलें लेने लगीं बोसे[1] चमन में हाथ के

1 चुंबन

❁

तुम ऐंडो सब्ज़ा-ओ-गुल[1] पर तुम्हें क्या
बला से कोई अंगारों प लोटे

1 हरियाली और फूल

❁

है जी में यही बिस्मिल-ए-मुज़्तर[1] के तुम्हारे
लूँ बोसे लब[2]-ए-ज़ख़्म से ख़न्जर के तुम्हारे

1 बेचैन ज़ख़्मी 2 होंठ

❁

तीस दिन वस्ल[1] के वा'दे प फिराता है मुझे
चाँद होता है तो वो ग़र्रा[2] बताता है मुझे

1 मिलन 2 अकड़

❁

हुआ है और न होवेगा कोई पैदा ख़ुदाई में
वफ़ा में कोई मुझ सा और तुम सा बे-वफ़ाई में

लगा के बातों में उनको लाएँ जो हर्फ़[1] मत्लब का कुछ ज़बाँ पर
तो ऐसी कह दें ठिकाना जिसका लगे ज़मीं पर न आस्माँ पर

1 अक्षर, बात

❁

मुक़द्दम[1] सिद्क़[2] पर है किज़्ब[3] गर्चे[4] सिद्क़ फ़ाइक़[5] है
कि पहले सुब्ह-ए-काज़िब[6] है तो पीछे सुब्ह-ए-सादिक़[7] है

1 जिसे प्राथमिकता प्राप्त हो 2 सच्चाई 3 झूठ 4 यद्दपि 5 श्रेष्ठतर 6 सुब्ह होने से पहले की रौशनी 7 सुब्ह

क़त्आ'त

कहूँ ऐ ज़ौक़ क्या हाल-ए-शब-ए-हिज्र[1]
कि थी इक इक घड़ी सौ सौ महीने

1 विरह की रात का हाल

न थी शब डाल रक्खा था इक अन्धेर
मिरे बख़्त-ए-सियह[1] की तीरगी[2] ने

1 दुर्भाग्य 2 अंधेरा

तप-ए-ग़म[1] शम्अ' साँ[2] होती न थी कम
और आते थे पसीनों पर पसीने

1 दुखों की गर्मी 2 की तरह

यही कहता था घबरा कर फ़लक[1] से
कि ओ बे-मेह्र[2] बद-अख़्तर[3] कमीने

1 आस्मान 2 निर्मोही 3 अभागा

कहाँ मैं और कहाँ ये शब मगर थे
मिरी जानिब[1] से तेरे दिल में कीने[2]

1 ओर 2 द्वेष

सो उस ज़ुल्मत[1] के पर्दे में किए ज़ुल्म
अरे ज़ालिम तिरी कीना-वरी[2] ने

1 अंधेरा 2 द्वेष रखना

इ'वज़[1] किस बादा-नोशी[2] के मुझे आज
पड़े ये ज़हर के से घूँट पीने
1 बदले में 2 शराब पीना

हवास-ओ-होश[1] जो मुझ से क़रीं[2] थे
क़रीने[3] से हुए सब बे-क़रीने
1 समझदारी 2 पास 3 ढंग

मिरी सीना-ज़नी[1] का शोर सुन कर
फटे जाते थे हमसायों[2] के सीने
1 सीना कूटना 2 पड़ोसियों

उठाया गाह[1] और गाहे[2] बिठाया
मुझे बेताबी[3]-ओ-बे-ताक़ती ने
1 कभी 2 कभी 3 बेचैनी

कहा जब दिल ने तू कुछ खा के सो रह
बहुत अल्मास[1] के तोड़े नगीने
1 हीरा

न टूटा जान का क़ालिब[1] से रिश्ता
बहुत सी जान तोड़ी जाँ-कनी[2] ने
1 शरीर 2 जान निकलना

बहुत देखा न दिखलाया ज़रा भी
तुलू-ए'-सुब्ह[1] से मुँह रौशनी ने
1 सुब्ह होना

कहा जी ने कि मुझको हिज्र की रात
यक़ीं[1] है सुब्ह तक देगी न जीने
1 विश्वास

लगे पानी चुवाने मुँह में आँसू
पढ़ी यासीं[1] सिरहाने बेकसी ने
1 कुरआन की आयतें

मगर दिन उ'म्र के थोड़े से बाक़ी
लगा रक्खे थे मेरी जिन्दगी ने

कि क़िस्मत से क़रीब-ए-ख़ाना[1] मेरे
अज़ाँ मस्जिद में दी बारे[2] किसी ने
1 घर के पास 2 अंततः

बशारत[1] मुझ को सुब्ह-ए-वस्ल[2] की दी
अज़ाँ के साथ युम्न[3]-ओ-फ़र्रुख़ी[4] ने
1 शुभ समाचार 2 मिलन की सुब्ह 3,4 कल्याण

हुई ऐसी ख़ुशी अल्लाह-ओ-अकबर[1]
कि ख़ुश हो कर कहा ख़ुद ये ख़ुशी ने
1 अल्लाह सब से बड़ा है

मुअज़्ज़िन[1] मर्हबा[2] बरवक़्त[3] बोला
मिरी आवाज़ मक्के और मदीने
1 अज़ान देने वाला 2 धन्य हो 3 समय पर

दुनिया से 'ज़ौक़' रिश्ता-ए-उल्फ़त को तोड़ दे
जिस सर का है ये बाल उसी सर में जोड़ दे
पर 'ज़ौक' तू न छोड़ेगा इस पीर-ज़ाल[1] को
ये पीर-ज़ाल गर तुझे चाहे तो छोड़ दे

1 बहुत बूढ़ी औ'रत, दुनिया

तू भला है तो बुरा हो नहीं सकता ऐ 'ज़ौक़'
है बुरा वो ही कि जो तुझ को बुरा जानता है
और अगर तू ही बुरा है तो वो सच कहता है
क्यों बुरा कहने से तू उसके बुरा मानता है

❁

रुबाइ'याँ

दिल को सर-ए-बाज़ार-ए-जहाँ[1] कर न उचाट
जिस तर्ह कटें रोज़[2] मुसीबत के काट
ऐ 'ज़ौक़' फ़लक[3] आप है बारह हिस्से
सौदा[4] न हो क्यों ज़ेर-ए-फ़लक[5] बारह बाट

1 दुनिया के बाजार में 2 दिन 3 आस्मान 4 दीवानगी 5 आस्मान के नीचे

आँख उसकी नशे से जब गुलाबी हो जाए
सूफ़ी उसे देखे तो शराबी हो जाए
दिखलाए जो वो रू-ए-किताबी[1] ऐ 'ज़ौक़'
सब मदरसा[2] काफ़िर-ए-किताबी[3] हो जाए

1 किताबी चेहरा 2 पाठशाला 3 ऐसा काफ़िर जिसके पास आस्मानी किताब हो

दुनिया के अलम[1] 'ज़ौक़' उठा जाएँगे
हम क्या कहें क्या आए थे क्या जाएँगे
जब आए थे रोते हुए आप आए थे
अब जाएँगे औरों को रुला जाएँगे

1 दुख

जब तक थे गिरह[1] में अहमक़ों[2] के पैसे
सब कहते थे उनको आप ऐसे ऐसे
मुफ़्लिस[3] जो हुए तो फिर किसी ने ऐ 'ज़ौक़'
पूछा न कि थे कौन वो ऐसे ऐसे

1 पैसे रखने की थैली 2 मूर्खों 3 दरिद्र

इस जेह्‌ल[1] का है 'ज़ौक़' ठिकाना कुछ भी
हम पढ़ के हुए इ'ल्म[2] न दाना[3] कुछ भी
हम जानते थे इ'ल्म से कुछ जानेंगें
जाना तो ये जाना कि न जाना कुछ भी

1 अज्ञान 2 ज्ञान 3 ज्ञानी

ऐ 'ज़ौक़' करेगा कोई दुनिया क्या तर्क[1]
दुनिया है बुरी बला अरे कैसा तर्क
क्या दख़्ल[2] कि हो तर्क किसी से दुनिया
जब तक न करे आप उसे दुनिया तर्क

1 छोड़ना 2 अधिकार

मुश्किल है यहाँ पा-ए-ख़िरद[1] का जमना
इस वहशी-ए-रम-दीदा[2] को कैसा रमना
हम पैरव-ए-इ'श्क़[3]-ओ-इ'श्क़ अपना हादी[4]
जो इ'श्क़ कहे 'ज़ौक़' कहो सल्लमना[5]

1 बुद्धिमानी का पाँव 2 भागता हुआ पागल 3 इ'श्क़ को मानने वाला 4 पथ प्रदर्शक 5 कल्याण हो

❁

BOOKS

रेख़्ता बुक्स के प्रकाशन

देवनागरी

1. क़श्क़ा खींचा दैर में बैठा	फ़रहत एहसास
2. अब मैं अक्सर मैं नहीं रहता	अनवर शुऊ'र
3. मौसम इतना सर्द नहीं था	ज़ुल्फ़िक़ार आ'दिल
4. खिड़की तो मैंने खोल ही ली	शारिक़ कैफ़ी
5. ग़ज़ल उसने छेड़ी (खंड 1,2,3,4,5,6)	संकलनः फ़रहत एहसास
6. गुलदस्ता-ए-क़व्वाली (खंड 1,2)	संकलनः सुमन मिश्र
7. सुब्ह-बख़ैर ज़िन्दगी	अमीर इमाम
8. अकेलेपन की इन्तिहा	जमाल एहसानी
9. सभी रंग तुम्हारे निकले	सालिम सलीम
10. तिरी सदा का इन्तिज़ार	ख़लीलुर्रहमान आ'ज़मी
11. इक शाम तुम्हारे हिस्से की	काशिफ़ ग़ाइर
12. रौशनी जारी करो	मनीष शुक्ला
13. लिफ़ाफ़े में रौशनी	मोहम्मद अ'ल्वी
14. होशियारी दिल-ए-नादान बहुत करता है	इ'रफ़ान सिद्दीक़ी
15. मिट्टी की सुंदरता देखो	सर्वत हुसैन
16. रेख़्ता उर्दू लर्निंग गाइड (अंग्रेज़ी, हिन्दी)	प्रो० अब्दुर रशीद
17. आख़िरी इ'श्क़ सबसे पहले किया	नो'मान शौक़
18. शाम के बा'द कुछ नहीं	शाहीन अ'ब्बास
19. गुलशन (उर्दू, देवनागरी)	मुज़्तर ख़ैराबादी
20. मोहब्बत जब नहीं होगी	आफ़्ताब हुसैन
21. किताब गुमराह कर रही है	शहराम सरमदी
22. जिस्म का बर्तन सर्द पड़ा है	अमीर हमज़ा साक़िब
23. ग़ज़ल का शोर	ज़फ़र इक़बाल
24. क़ाफ़िला-ए-नौ-बहार	संकलनः विकास शर्मा 'राज़'

25. मौजूद की निस्बत से	महेन्द्र कुमार सानी
26. दुख नए कपड़े बदल कर	शारिक़ कैफ़ी
27. लफ़्ज महफ़ूज़ कर लिए जाएँ	आ'सिम वास्ती
28. मोहब्बत करके देखो ना...	फ़रहत एहसास
29. उदासी बाल खोले सो रही है	नासिर काज़मी
30. मुझ पर मेरा साया पड़ गया	भारत भूषण पंत
31. रेख़्ता के ज़ौक़	संकलनः फ़रहत एहसास
32. रेख़्ता के दाग़	संकलनः फ़रहत एहसास
33. इ'श्क़	मोई'द रशीदी
34. फिर मुझे नींद आ गई	रईस फ़रोग़
35. हिज्र की दूसरी दवा	फ़हमी बदायूनी
36. 100 शाइ'र 100 ग़ज़लें	संकलनः फ़रहत एहसास
37. उदास लोगों का होना बहुत ज़रूरी है	तर्कश प्रदीप
38. रेख़्ता के नज़ीर	संकलनः फ़रहत एहसास
39. लॉकडाउन के दौरान मौत का ज़िन्दगी-नामा	प्रज्ञा शर्मा
40. गंजे फ़रिश्ते	सआ'दत हसन मंटो
41. मौत की किताब (नॉवेल)	ख़ालिद जावेद
42. सूरजमुखी का फूल	दिलावर अ'ली आज़र
43. ख़ामुशी रास्ता निकालेगी	धीरेन्द्र सिंह फ़य्याज़
44. रेख़्ता के मोमिन	संकलनः फ़रहत एहसास
45. रेख़्ता के आतिश	संकलनः फ़रहत एहसास
46. हमसे क्या हो सका मोहब्बत में	फ़िराक़ गोरखपुरी
47. शीशा-घर में तोड़-फोड़	संकलनः डॉ. मज़हर अहमद
48. रेख़्ता के इन्शा	संकलनः फ़रहत एहसास
49. अगर मैं शे'र न कहता	अ'ब्बास ताबिश
50. नुमाइन्दा कहानियाँ मंटो	सआ'दत हसन मंटो
51. नुमाइन्दा कहानियाँ प्रेमचंद	प्रेमचंद
52. नुमाइन्दा कहानियाँ राजिंदर सिंह बेदी	राजिंदर सिंह बेदी
53. उलट-पुलट का रोज़नामचा	पतरस बुख़ारी
54. नुमाइन्दा कहानियाँ कृष्ण चंदर	कृष्ण चंदर

55. उर्दू की प्रसिद्ध कहानियाँ	संकलनः राहुल झा
56. रंगों की मनमानी	वसीम नादिर
57. एक दिया और एक फूल	इ'शरत आफ़रीन

उर्दू

1. औराक़-ए-ख़िज़ानी	अहमद मुश्ताक़
2. आख़िरी पहर की दस्तक	शमीम हनफ़ी
3. वाहिमा वजूद का	सालिम सलीम
4. गुलशन	मुज़्तर ख़ैराबादी
5. आख़िरी किनारे पर	मोई'द रशीदी

अंग्रेज़ी

1. दीवान-ए-ग़ालिब : सरीर-ए-ख़ामा	नजीब जंग
2. लव लॉन्गिंग लॉस इन उर्दू पोएट्री	संजीव सराफ़

संपर्क

रेख़्ता फ़ाउन्डेशन
बी-37, सेक्टर – 1
नोएडा, यू.पी. – 201301